Ellmann · Die Hungerkünstler

Maud Ellmann

Die Hungerkünstler

Hungern, Schreiben, Gefangenschaft

Aus dem Englischen übersetzt
von Michael Müller

Philipp Reclam jun. Stuttgart

Titel der englischen Originalausgabe:
The Hunger Artists.
Starving, Writing, and Imprisonment.
Cambridge, Massachusetts:
Harvard University Press, 1993

Universal-Bibliothek Nr. 8967
Alle Rechte vorbehalten
© 1994 Philipp Reclam jun. GmbH & Co., Stuttgart
Die Übersetzung erscheint mit Genehmigung von
Harvard University Press, Cambridge, Massachusetts
Copyright © 1993 Maud Ellmann
Umschlagabbildung: Egon Schiele · Männlicher Halbakt
mit rotem Lendentuch. Bleistift, Aquarell, Deckfarben (1914)
Gesamtherstellung: Reclam, Ditzingen. Printed in Germany 1994
RECLAM und UNIVERSAL-BIBLIOTHEK sind eingetragene
Warenzeichen der Philipp Reclam jun. GmbH & Co., Stuttgart
ISBN 3-15-008967-0

Die Hungerkünstler

Das Krankenhaus von Gourma, Mali, 1985
(Photo © Sebastião Salgado, Magnum)

Autophagie

Keine Nahrung für unseren Kopf, keine Nahrung für unser Herz, keine Nahrung für unser Handeln zu haben, bedeutet das nichts? Wenn wir keine Nahrung für unseren Körper haben, wie schreien wir dann auf! Alle Welt erfährt davon, alle Zeitungen reden davon in Artikeln, über denen in Großbuchstaben steht: TOD DURCH VERHUNGERN! Aber angenommen, wir würden einen Artikel in die Times *setzen, ›Tod des Denkens durch Verhungern‹ oder ›Tod des moralischen Handelns durch Verhungern‹, was würden die Leute für Augen machen, wie würden sie dann lachen und sich wundern! Man könnte denken, daß Frauen keinen Kopf oder kein Herz hätten, angesichts der völligen Gleichgültigkeit, die die Öffentlichkeit beidem entgegenbringt. Unsere Körper sind das einzige, das für sie Bedeutung hat.*

Florence Nightingale, *Cassandra* (1852)

Vor ein paar Jahren erzählte mir ein Freund, daß er an der Totenwache für eine Frau teilnehmen werde, die in Armagh, dem Haupt-Gefangenenlager für weibliche Terroristen in Nordirland, einen Hungerstreik angetreten hatte. Sie hatte diesen Hungerstreik überlebt, war sogar aus dem Gefängnis entlassen worden, weniger als ein Jahr danach aber an Anorexia nervosa gestorben.
In welcher Beziehung stehen diese beiden Formen freiwilligen Hungerns zueinander, die sich, was die Auswir-

kungen auf den Körper betrifft, so sehr ähneln, die beide jedoch eine ganz verschiedene Bedeutung haben? Fasten als Mittel des Protestes hat so wenig mit Fasten infolge einer krankhaften Störung zu tun, daß es einem schon fast pervers vorkommt, diese beiden unvereinbaren Disziplinen miteinander vergleichen zu wollen. Und doch stürzte sich jene Frau von der ersten Form des Hungerns in die zweite und hob damit die übliche Kategorisierung auf. Sie nahm ihren Hunger mit sich, als sie das Gefängnis verließ, als ob sie nach jenem Nichts, das sie an die Stelle von Nahrung zu setzen gelernt hatte, süchtig geworden sei; und sie hielt sogar daran fest, bis sie mit ihrem Leben dafür bezahlte.

Ihre Leidensgeschichte wirft viele der Fragen auf, die die vorliegenden Überlegungen auslösten. Was ist ein Hungerstreik? Wie kommt es, daß Gefangene sich so oft dieser selbstzerstörerischen Form des Protestes zuwenden? Ist es möglich, daß sie von einem Zwang ergriffen werden, der jenem ähnelt, dem Anorektiker unterliegen? Verlieren sie den Appetit auf Nahrung, nachdem sie sich einmal an der Leere gütlich getan und – wie Emily Dickinson es nennt – »von der Luft berauscht« worden sind? Ist ihr Protest lediglich ein Vorwand mit dem sie die Ekstase der Entkörperlichung rechtfertigen?

Oder ist es so, daß anorektische Frauen in Wirklichkeit Hungerstreikende sind, die fasten, um den patriarchalischen Werten zu trotzen, die sie und die Angehörigen ihres Geschlechts genauso einengen wie Steinmauern oder Eisenstäbe? Da Frauen viel häufiger an Anorexie leiden als Männer, interpretieren Feministinnen diese Störung als ein Symptom für die Unzufriedenheit der Frau in der von Männern bestimmten Gesellschaft. Anorexie, so be-

haupten sie, sei anstelle von Hysterie die Krankheit geworden, in der die Empörung der Frauen gegen die Einengung ihres Lebens Ausdruck finde. Eine sinnlose Art des Protestes, da die Frauen die Opfer ihrer eigenen Revolte werden und sie an ihrer eigenen Unterdrückung mitwirken, indem sie das gefahrvolle Eintreten für ihre Freiheit zugunsten der Annehmlichkeiten eines Rückfalls in den Infantilismus aufgeben. Frauen werden krank, anstatt ihre Sache in die Hand zu nehmen: die Anorektikerin verwandelt ihre Wut in Hunger und ißt *sich selbst* auf, damit sie nur nicht in Versuchung gerät, die Möglichkeiten, die man ihr verweigert, in sich hineinzuschlingen.
Was auch immer die Ursache dieser mysteriösen Störung ist, die Feministinnen haben recht, wenn sie auf die gesellschaftlichen Implikationen aufmerksam machen. Die Anorektikerin, die inmitten der Fülle hungert, ist die rätselhafte Ikone unserer Zeit geworden, halb Heldin, halb Schreckensgebilde. Der Anblick ihrer ausgemergelten Gestalt gehört zu unseren kollektiven Erfahrungen, sie kündet nicht nur von ihrer eigenen Erkrankung, sondern von der der menschlichen Gemeinschaft schlechthin. In Viktorianischer Zeit, als man jeder Art von Produktion mit wenig Hemmungen gegenüberstand, konnte sich Dickens, ohne ein schlechtes Gewissen dabei zu haben, an den gutgepolsterten Händchen seiner Heldinnen erfreuen – obwohl sogar bei ihm eine beginnende Feindseligkeit gegenüber dem Fett, die mittlerweile zum Kennzeichen der modernen Zeit geworden ist, spürbar wird. Heutzutage ruft der Anblick des fleischig-fruchtbaren Körpers wieder Ängste à la Malthus wach, daß nämlich Fruchtbarkeit in ökologischer Hinsicht nicht gesund ist, oder genauer, daß sie *Hunger* erzeugt; und der moralische

Imperativ, »einem kleinen Planeten zuliebe schlank zu bleiben«, hat sich überdies, wie Eve Sedgwick es formuliert, über Nacht in jene lautstarken, an die Frauen gerichteten Forderungen verwandelt, »einem kleinen Badeanzug zuliebe eine Diät zu machen«.[1] In den letzten zwei Jahrhunderten ist Dicksein allmählich von einem Zeichen für Wohlstand zu einem Zeichen für Armut geworden, und im Verlauf dieses Prozesses wurde es zu etwas, vor dem man sich fürchtet, – so als ob das »Fett des Landes« sich gegen die Klasse erheben könnte, die sich von ihm nährt. Die dicke Frau, vor allem wenn sie keine Weiße ist und zur Arbeiterklasse gehört, verkörpert mittlerweile all das, von dem sich die Erfolgreichen lossagen müssen: Imperialismus, Ausbeutung, Mehrwert, Mutterschaft, Sterblichkeit, Armseligkeit und Häßlichkeit. Was man in sie hineinprojiziert, macht sie schwerer als ihr Fleisch, und dadurch, daß man sie mit Schuld, Begierde und Verleugnung befrachtet, läßt man ihr idealisiertes Gegenbild entstehen: den Typ von Frau, den man auf Plakaten sieht, schlank und stromlinienförmig wie die Autos, für die sie oft Reklame macht, und in deren strahlenden Glanz getaucht. Der schmale Frauenkörper, der auf dem Weg zur Geschlechtsreife und fest wie ein Phallus ist, hat in der zeitgenössischen Kultur einen eigenen Wert bekommen: er ist eine Art von Prophylaktikum, er schützt vor den Gefahren der Überproduktion.

Natürlich erklären diese Frauenbilder nicht, warum die Hungerstreikende von Armagh sich selbst zerstörte, oder was ihr Hungern für sie selbst bedeutete. Aber selbst wenn sie sich aus purer Verzweiflung zu Tode fastete, war ihr Hungern doch eine Form von Sprache, und Sprache ist notwendigerweise ein Dialog, der sich nicht darin er-

schöpft, daß der Sprechende seinen Absichten Ausdruck verleiht, sondern davon abhängt, daß der Partner diese versteht. Ihr Körper war in sozialen Codices verfangen, die schon vor der kurzen Phase seines Bewußtseins existierten und ihn auch überdauerten. Vor allem war er in ein Geflecht von miteinander rivalisierenden Ideologien verstrickt, Ideologien, die die Nation, das Geschlecht und die Religion betrafen; diese Kräfte versuchten sich durch den Hunger Ausdruck zu verschaffen und zerstörten dabei das Fleisch, dem sie innewohnten.

»Körper« ist jedoch heutzutage ein Ausdruck, den man mit einem gewissen Unbehagen verwendet. Er ist ein Modewort der Literaturtheorie geworden, vor allem westlich der Rocky Mountains, wo Essays über den Körper mit der gleichen dämonischen Unerbittlichkeit produziert werden, mit der die Autoren ihre eigenen Körper im Fitnesscenter den verschiedensten Torturen unterwerfen. Das Theoretisieren über den Körper ist so etwas wie die akademische Variante des Körpertrainings geworden. In der Literaturkritik dient der Kult des Körpers dazu, sich gegen den Poststrukturalismus zur Wehr zu setzen, und er ist vor allem aus der Furcht heraus entstanden, daß ›Geschichte‹ und ›wirkliches Leben‹ zugunsten einer gefährlichen gallischen Bezauberung durch den ›Signifikanten‹ übersehen worden sind. In diesem Kontext ist der Körper die letzte Bastion des Materiellen geworden: wenn Geschichte nichts anderes ist als »eine Erzählung, die man wie jede andere zu oft gehört hat«,[2] und das Universum lediglich ein Ergebnis der Rhetorik, dann steht der Körper für eine unbestreitbare Realität, ist er eine pulsierende Substanz inmitten einer Wildnis von Zeichen. Zur Warnung sei gesagt, daß

das vorliegende Buch sich nicht mit dem Körper beschäftigt sondern mit der *Entkörperlichung,* mit der Dekonstruktion des Fleisches, und mit dem Schreiben und dem Hungern als den beiden Künsten, die eine solche Zersetzung bewirken.

Michel Foucault war es, der den Körper in die Literaturkritik eingeführt hat, auch wenn ihm erst seine Schüler die Eigenschaften eines Talismans verliehen. Foucault behauptet lediglich, daß der Körper ein Artefakt ist, ein kulturelles Konstrukt, das durch die moralischen, medizinischen und wissenschaftlichen Kenntnisse einer bestimmten Zeit entsteht. In seinem Buch *Triebstruktur und Gesellschaft* (1969) schließt sich Marcuse der populären, Freud mißverstehenden Ansicht an, daß der Körper von der Zivilisation unterdrückt wird, die seine spontanen Begierden erstickt. Foucault hingegen betont, daß die Begierden von eben dieser Kultur geschaffen werden, welche sie verurteilt. Im neunzehnten Jahrhundert wurde die Sexualität nicht verleugnet, wie man gemeinhin glaubt, sondern im Gegenteil aufs genaueste beobachtet. Ironischerweise erfanden die Ärzte, Erzieher und Psychiater, die die beschämenden Geheimnisse der Sexualität erkundeten und kodifizierten, neue Perversionen bei ihrem Versuch, solche aus der Norm auszuschließen.[3] Sie erotisierten sogar ihre Untersuchungsverfahren. So schränkte die Medizin die Sexualität nicht ein, sondern vervielfältigte die Wege ihrer Befriedigung und ließ eine Enzyklopädie der Lust entstehen. Es ist daher nicht richtig, wenn man den Körper als eine Art Lager auffaßt, in dem die Instinkte von den »Konventionen der GESELLSCHAFT« unterjocht werden – wie Gerty McDowell es im *Ulysses* ausdrückt –;[4] denn gerade diese Konventionen fachen die

Triebkräfte an, die sie in Ketten zu legen scheinen, erheben das Anstößige zu einem Fetisch.

Foucault zufolge »schreiben« sich kulturelle Praktiken in den Körper »ein« und *prädeterminieren* dessen »Kräfte, Energien, Gefühle, Lüste«.[5] Diesen Prozeß der Einschreibung stellt Kafka in seiner berühmten Parabel »In der Strafkolonie« dar; der Urteilsspruch wird dort dem Verurteilten mit den Nadeln einer diabolischen Schreib-Maschine ins Fleisch geritzt.[6] Hunger macht jedoch deutlich, daß der Körper von der Kultur *determiniert* ist, denn die Bedeutung des Hungerns ist jeweils eine andere, sie hängt von dem sozialen Kontext ab, in dem man es erleidet. Diese verschiedenen Bedeutungen geben Aufschluß sowohl über die Verhältnisse, in denen der Hungernde lebt, als auch über die Kräfte, die ihm – oder ihr – die Nahrung vorenthalten. Hunger kann durch eine Vielzahl von Faktoren hervorgerufen werden, durch Knappheit an Nahrungsmitteln, durch einen Krieg, eine Revolution, eine Krankheit, eine Psychose, eine Diät oder durch Frömmigkeit, und es wäre verfehlt, diese Kräfte miteinander gleichzusetzen, nur weil sie dieselbe Wirkung auf die Physis ausüben. Während zum Beispiel Menschen, die schlank werden wollen, in ihrem Hunger über die Versuchung triumphieren, erfuhren die Juden in Auschwitz Hunger als einen Versuch, ihre Rasse auszulöschen. Die Bedeutungen des Hungers sind in den beiden Fällen so verschieden, daß man noch nicht einmal annehmen darf, daß er rein körperlich auf dieselbe Weise empfunden wird oder wurde. Um noch ein etwas heitereres Beispiel anzuführen: ein Einwohner Hollywoods meinte einmal, daß Richard Attenboroughs Film über das Leben Gandhis bei seinen Nachbarn so gut ankäme, weil die Haupt-

figur genauso war, wie sie gerne sein würden: dünn, braun und moralisch.[7] Schlank zu sein oder zu werden ist in Amerika zu einer Art nationaler Religion geworden, und das Schlanksein zum Maßstab für das moralische Format einer Person. Gandhi erlernte das Fasten jedoch von seiner frommen Mutter, und seine verschiedenen Hungerstreiks gegen die britische Herrschaft in Indien verdankten ihre Wirkung zu einem guten Teil der Tatsache, daß sie ihre Wurzeln in weiblichen religiösen Praktiken hatten.[8] In jedem Fall ist es klar, daß ein Leben der Enthaltsamkeit in Indien, dem politische oder religiöse Motive zugrunde liegen, eine ganz andere Bedeutung hat als ein dem Schlankwerden gewidmetes Leben in Südkalifornien.

Hunger ist das traditionelle Beispiel, das Marxisten verwenden, um zu zeigen, daß die Bedürfnisse der Menschen mehr von ihrer Geschichte als von ihrer Physiologie geprägt werden. Gayatri Spivak stellte sich in diese Tradition, als sie vor kurzem in einem Interview verkündete, daß es »so etwas wie einen unkodierten Körper nicht gibt«. Sie meint, daß sogar das Bild, das sich Mediziner vom Körper machen, auf einer Interpretation seiner Zeichen beruht und nicht auf einer Kenntnis seines wahren Wesens, denn dieselben Symptome können unterschiedlich gedeutet werden, je nachdem welche Weltanschauung dabei im Spiel ist. Hunger zum Beispiel kann zurückgeführt werden auf »Unterernährung, Fasten, eine Schlankheitskur, Anorexie, aber auch auf politische Umstände«. Wenn der Hunger in der Politik zu einer den Menschen mobilisierenden Kraft werden soll, muß er jedoch kodiert und als »Zeichen für Ausbeutung« gelesen

werden.⁹ Dies hat Amartya Sen kürzlich in seiner Arbeit über Hungersnöte unternommen, in der er nachweist, daß es nicht der Mangel an Nahrung ist, der solche Katastrophen verursacht, sondern das Unvermögen der Menschen, diese Nahrung zu erwerben. Menschen verhungern, weil sie kein Essen *haben*, nicht weil es kein Essen *gibt*, und es geht daher darum, ob man ein »Anrecht« auf Nahrung hat und nicht darum, ob diese verfügbar ist. Indem die Wirtschaftswissenschaftler Hungersnot als Laune der Natur und nicht als Symptom für politische Ungerechtigkeiten interpretierten, haben sie oft die Nöte noch verschärft, die sie eigentlich lindern wollten. Die »Tradition, mehr in Kategorien des Vorhanden-Seins als in solchen des Verfügen-Könnens (wer über was) zu denken«, so Sen, und die Tatsache, »daß es so faszinierend einfach ist, einzig das Verhältnis von vorhandener Nahrungsmenge zur Bevölkerung in den Blick zu nehmen, hat über Jahrhunderte hinweg ständig zu einer Verschleierung geführt und beeinträchtigt politische Debatten darüber, welche Maßnahmen man zur Vermeidung von Hungersnöten ergreifen kann, heute noch genauso wie sie es in der Vergangenheit getan hat«.¹⁰

Der marxistische Sprachwissenschaftler Voloshinov weist mit Hilfe des Phänomens Hunger nach, daß Sprache in unsere innersten Erfahrungen eindringt, und die primitivsten organischen Bedürfnisse auf diese Weise eine soziale Bedeutung erhalten. »Sogar der Schrei eines säugenden Kleinkindes ist an seine Mutter ›gerichtet‹«, behauptet er. Natürlich ist es unmöglich, das Hungergefühl einer anderen Person zu teilen, so wie es unmöglich ist, die Schmerzen einer anderen Person zu fühlen; beide Empfindungen machen deutlich, wie fürchterlich ›einsam‹ wir

mit unseren körperlichen Erfahrungen sind. Trotzdem: diese Gefühle – und sei es nur für sich selbst – zu formulieren, heißt notwendig, sich auf eine gemeinsame Sprache zu berufen und so die Leiden anderer neu zu beschwören. Eine Person kann, wenn sie hungert, Wut verspüren oder ein Gefühl des Triumphs, Resignation oder Scham; indem sie ihrem Hunger eine dieser verschiedenen Bedeutungen gibt, verknüpft sie aber ihre individuellen Erfahrungen mit der Geschichte der Menschheit. Nach Voloshinov ist der »Grad, in dem eine Erfahrung wahrnehmbar, erkennbar und artikuliert ist, proportional zu dem Grad, in dem sie gesellschaftlich ausgerichtet ist«. Das Hungern eines Bettlers zum Beispiel besitzt eine Vielfalt von kulturellen Analogien, die vom Fasten der Propheten in der Wüste bis hin zum antisozialen Protest eines Vagabunden reichen. Auf der anderen Seite hat der Hunger der Bauern, der große Gruppen von ihnen erfaßt, aber nicht zur Ausbildung einer Koalition führt, von der frühen Christenheit bis hin zu Tolstoi die Grundlagen für einen Kult der Resignation geliefert. Nur bei einer homogenen Gruppe von Menschen wie einem Regiment von Soldaten, den Arbeitern einer Fabrik oder den Angehörigen einer gesellschaftlichen Schicht, die zu einer eigenen »Klasse« herangereift sind, kann die Erfahrung des Hungers nicht zu Unterwerfung, sondern zu Solidarisierung oder sogar Auflehnung führen.[11]

Umfassend wie sie ist, gibt es in Voloshinovs Taxonomie des Hungers doch eine signifikante Auslassung: das freiwillige Hungern. Vermutlich ist es aus marxistischer Sicht schwieriger zu erklären, warum sich jemand *entscheidet* zu hungern. Bei dem Hungerstreik der irischen Terroristen, der Suffragetten oder Gandhis hungerten einzelne

Individuen im Namen eines Kollektivs, einer Religionsgruppe, ihrer Geschlechtsgenossinnen oder einer ganzen Nation, und ihr Märtyrertum verlieh den jeweiligen Gruppen Identität. Bei den asketischen Formen freiwilligen Hungerns, wie sie auf der einen Seite von den mittelalterlichen Heiligen, auf der anderen von modernen Schlankheitsfanatikern praktiziert werden, ist dies aber nicht der Fall. Die Mittelklasse beispielsweise hungert heute, der allgemeinen Mode folgend, so als ob sie die armselige Lebensweise, von der sie sich durch Jahrhunderte der Ausbeutung befreit hat, imitieren wolle. Etwas haben, aber nicht zu essen, ist das Zeichen der Überlegenheit ihrer Klasse, es bezeugt Unabhängigkeit gegenüber äußeren Zwängen. Der Mittelklasse gefällt es aber auch, das Fasten mit Anstrengungen zu verbinden; sie ästhetisiert das entbehrungsreiche Leben oder macht gar einen Sport daraus, und möglicherweise schlägt sich darin eine Art von Sehnsucht nach der verlorengegangenen Erfahrung von Not nieder. Wichtig aber ist, daß heutzutage in erster Linie Frauen von der Fastenmode betroffen sind, ähnlich wie es auch im Mittelalter vor allem ihnen oblag, aus religiösen Gründen zu hungern. Die weiblichen Heiligen verzichteten aber auf Nahrung, um ihre sexuellen Begierden zu disziplinieren, wohingegen die Frau von heute hungert, um ihr Fett abzubauen: während früher die Sexualität der Frau stigmatisiert war, wird heute ihre Körperfülle mit einer Intensität gebrandmarkt, die schon fast die Züge einer Verfolgung annimmt. Wenn, wie Horkheimer und Adorno feststellen, »die Geschichte der Zivilisation die Geschichte der Introversion des Opfers« ist,[12] dann sind die Schlankheitskurenden von heute sogar noch zivilisierter als die Heiligen, weil sie die Bußübun-

gen, die von der Kirche verhängt zu werden pflegten, internalisiert haben. Fastend und sich reinigend opfern sie ihr Fett, wobei sie blind gegenüber der sozialen Bedeutung ihres Opfers sind. Und wenn das Schlankwerden sich zu Anorexie auswächst, dann gelten sogar die kosmetischen Argumente nicht mehr: denn es ist unbestreitbar, daß Anorektikerinnen den Hunger um des Hungers willen erleiden und für ihre Art des Fastens keine rationalen Erklärungen mehr vorbringen können. Im Gegensatz zu den weiblichen Heiligen, die gleichsam innerhalb einer Institution fasteten, die ihrer Auszehrung einen Sinn und eine Bedeutung gab, hungert die moderne Anorektikerin im allgemeinen in einer Art freiem Taumel.

Die angeführten Beispiele zeigen, daß man freiwilliges Hungern nur interpretieren kann, wenn man das kulturelle Milieu berücksichtigt, in dem dieses Ritual stattfindet. In den Vereinigten Staaten zum Beispiel hat man sich nicht erst im postmodernen Zeitalter so besessen mit der Ernährungsweise beschäftigt, sondern bereits in der Zeit, in der sich die Nation als solche herausbildete, wie Hillel Schwartz in seiner ausgezeichneten kulturhistorischen Darstellung amerikanischer Ernährungsgewohnheiten *Never Satisfied* (»Niemals satt«) nachgewiesen hat.[13] Im vorigen Jahrhundert jedoch machten sich die Amerikaner mehr Sorgen um ihre Verdauungsstörungen als um ihren Leibesumfang. Thackeray stellte damals fest, daß Amerikaner »mager wie Windhunde« seien. Seltsamerweise machte man ihre Gefräßigkeit dafür verantwortlich, daß sie so dünn blieben; man meinte, daß ihre Mägen nicht in der Lage seien, die riesigen Essensmengen, die in sie hineingestopft wurden, zu verarbeiten. Die Lösung war

»kauen, beißen, malmen, mahlen und schlucken«, wie William Kitchener es in seinem 1822 erschienenen Buch *The Art of Invigorating and Prolonging Life* (»Die Kunst, sich zu kräftigen und das Leben zu verlängern«) vorschrieb. Später entwickelte der als der »Große Kauer« bekannte Horace Fletcher eine Methode »fleißigen Malmens«: man mußte die Nahrung einhundert Mal pro Minute kauen, um Verdauungsstörungen zu vermeiden. Henry James »fletcherte« mit Hingabe: »Ob ich ein Konvertit bin? fragen Sie. Ein *Fanatiker*«, schrieb James in einem Brief an Mrs. Humphrey Ward. Der »göttliche Fletcher«, beteuerte er, habe die Quellen seines Lebens erneuert, und er bedrängte seine Freunde, sich das System zu Herzen zu nehmen und dort mit »Reifen aus Stahl« festzumachen. Wahrscheinlich war es sein Fletchern, das Edith Wharton zu ihrem berühmten Bonmot inspirierte, daß James in seinen Prosawerken beträchtlich mehr durchkaue, als er zuvor abgebissen habe.[14]

Schwartz zufolge wurden die Amerikaner erst nach dem Bürgerkrieg von der Furcht vor dem *Fett* ergriffen, während die Furcht vor der *Gier* sie schon immer heimgesucht hatte, weil sie durch diese ihre Prosperität bedroht sahen. Bereits 1838 schrieb Sylvester Graham, der Erfinder des Graham-Crackers, eines unvergeßlichen Bestandteils amerikanischer Kindheit, daß »VÖLLEREI und *nicht Hunger* die Hauptursache alles Übels ist. [...] Exzessives Essen ist der größte Ernährungsfehler in den Vereinigten Staaten – und vermutlich in der ganzen zivilisierten Welt.«[15] Diesem Mythos zufolge, an dem man heute noch festhält, können sich die Armen Essen nur deswegen nicht leisten, weil sie zu viel essen.

In den ersten Jahrzehnten unseres Jahrhunderts begann

die Phobie vor dem Fett ihrem gegenwärtigen Höhepunkt zuzusteuern, und die hysterische Reaktion richtete sich damals wie heute vor allem gegen dicke Frauen. Natürlich galt für Frauen das Essen traditionellerweise als etwas Unziemliches, aber bedauerlicherweise Notwendiges. Byron zum Beispiel, der selbst ein Hungerkünstler eigener Art war, meinte, daß »eine Frau sich nie essend oder trinkend sehen lassen sollte, es sei denn, sie nehme *Hummersalat* und *Champagner* zu sich, die einzigen wirklich femininen und schicklichen Nahrungsmittel«.[16] Während des Ersten Weltkriegs erweckte Gefräßigkeit von Frauen aber geradezu Abscheu, weil sie nicht nur unschicklich, sondern kannibalistisch wirkte. Man rechnete, daß eine Frau, die vierzig Pfund Übergewicht hatte, sechzig Pfund Zucker in ihrem überschüssigen Fleisch speicherte und damit ihre europäischen Alliierten der ihnen zustehenden Rationen beraubte. Dicke Frauen wurden zu Sündenböcken, das heißt man wälzte die Schuldgefühle, an denen man allgemein wegen des verspäteten und widerwilligen Eintretens der USA in den Krieg litt, auf sie ab. Auch Ärzte waren der Meinung, daß dicke Menschen unpatriotisch seien, weil die Energie, die notwendig war, um ihre Korpulenz zu erhalten, Kalorien verschlang, die andere Menschen dringend benötigten.[17]

Der »Philosoph in der Küche«, Brillat-Savarin, hält in seiner Abhandlung *Physiologie du goût* (1826, »Physiologie des Geschmacks«) an einem entscheidenden Punkt inne, um über das »Ende der Welt« nachzudenken. Er vertritt die Ansicht, daß der Gourmand, der Liebhaber guten Essens, das Universum gegen den Vielfraß verteidigen müsse, dessen wahlloses Geschlinge uns schneller un-

serer Vernichtung entgegenzutreiben drohe.[18] In den USA steht heute die Verdauung aufgrund derselben eschatologischen Ängste im Brennpunkt des Interesses: die Amerikaner lassen ihre Phobien vor ihrem »Ende« – im moralischen, historischen und transzendentalen Sinne des Wortes – in eine Obsession mit den »Enden« ihres eigenen Körpers eingehen, in eine zwanghafte Beschäftigung mit allem, was an einem Ende in ihn hineingelangt und am anderen aus ihm herauskommt. Vor allem sind die messianischen Bestrebungen der Amerikaner, die eigentlich mit der Tragödie von Vietnam hätten enden müssen, heute wieder erweckt worden: der Asket, der ohne Erbarmen gegen sich selbst fastet, ist zu einem neuen Hoffnungsträger geworden. Ich hatte Amerika 1970 verlassen und stellte bei meiner Rückkehr 1978 fest, daß aus den Kriegsgegnern der sechziger Jahre die Gesundheitsapostel der siebziger geworden waren, und daß all die Leidenschaften, die damals ihren Aktivismus genährt hatten, nach innen gekehrt worden waren; das heißt, ihre Besorgtheit galt nur noch der eigenen Physis, und sie wurde durch Ängste vor all den Giften, wie Zusatzmitteln, Cholesterin und Kalorien, die als harmlose Nahrungsmittel getarnt in den Körper einzudringen drohten, noch verstärkt. In einem gewissen Sinne war der Krieg jetzt in unser Land getragen worden, denn nun waren es unsere Körper, die belagert wurden, und nicht mehr die der Vietnamesen. Nur ein kompromißloses Auf-der-Hutsein konnte uns vor den Chemikalien retten, die von jedem Regal im Supermarkt wie Bomben auf uns niederregneten.

Jane Fondas Geschichte macht diese Wandlung deutlich. Sie gab ihre Karriere als radikale Kriegsgegnerin auf, um

zur Vorkämpferin der Keep-Fit-Bewegung zu werden. Sie trainiert sechs (ja, sechs!) Stunden am Tag nach einem eisernen Programm, das an das erinnert, nach dem die Soldaten der US-Army gedrillt werden. Obwohl es eher Bußübungen zu sein scheinen, bestätigen die Strapazen, denen die Fonda sich unterwirft, Freuds Erkenntnis, daß das zwangsneurotische Zeremoniell, das zur »Abwehr« des verbotenen Akts dienen soll, diesen in Wirklichkeit wiederholt: »was nicht in solcher Weise geschehen ist, wie es dem Wunsch gemäß hätte geschehen sollen, wird durch die Wiederholung in anderer Weise ungeschehen gemacht«.[19] Denn die Slogans, mit denen für Fitness Propaganda gemacht wird, rufen in beunruhigender Weise Erinnerungen an den Vietnamkrieg wach, und man hat fast den Eindruck, daß die verbotenen Freuden des amerikanischen Imperialismus in den Schriften, mit denen er ein für alle Mal ausgetrieben werden soll, eine Wiederbelebung erfahren. Zum Beispiel soll die Kost, die die Fonda empfiehlt, »reich an Fasern, mehrfach ungesättigten Fettsäuren, arm an tierischem Eiweiß, fettarm« sein, und entspricht damit der eines vietnamesischen Bauern vor dem Krieg; so als ob wir für die Entlaubung ihres Landes Buße tun könnten, indem wir unsere Mägen voll grüner Blätter stopfen. Ähnlich suggeriert die Betonung des ›Faserreichtums‹, daß man die immer schwächer werdende ›moralische Faser‹ Amerikas retten kann, indem man voller Heroismus auf den unverdaulichen Schalen von allerlei Gemüse herumkaut.[20] Fasern wirken außerdem kathartisch und man kann sie – wie die Speise der Engel – zu sich nehmen, ohne sie in sich aufzunehmen: sie hinterlassen kein Fett, kein Schuldgefühl und keine Erinnerung. Simone Weil hat dargelegt, daß Hungern bedeutet, die

Vergangenheit zu leugnen – »die erste aller Verleugnungen«, weil man so den Körper von seiner in ihm gespeicherten Vorgeschichte befreit. In der amerikanischen Mythologie wird die Faser aber zum Zaubermittel, mit dem man Vergessen erlangen kann, denn sie erlöst den Körper von dem Fett, das seine »erstarrte Vergangenheit« repräsentiert, dies einer der anschaulichen Ausdrücke Simone Weils.[21] Auf homöopathischem Wege befreit die Faser die Nation von ihrer schändlichen Geschichte, erleichtert sie ihr Gewissen, indem sie das, was war, dem Vergessen anheimfallen läßt. Eine solche Art von Amnesie hält nicht nur den amerikanischen Utopismus aufrecht, sondern auch den Glauben an Schlankheitskuren: die nächste Diät wird das Wunder bewirken, der nächste Krieg wird siegreich und gerecht sein – und alle Fehlschläge der Vergangenheit sind nur unbedeutende Abirrungen, bloß Schluckauf auf unserem Weg zur Schönheit.

Wie ich aber bereits angedeutet habe, kommt die Geschichte, die Amerika abzustreifen oder wegzuhungern versucht, gerade in den Phrasen, mit denen sie unterdrückt werden soll, wieder an die Oberfläche. Zum Beispiel dient Jane Fondas Aufforderung, sich um die »Verbrennung« zu bemühen, gleichzeitig dazu, die Napalmangriffe auf Vietnam zu sühnen und sie noch einmal *zu durchleben*, und sie läßt die Vermutung aufkommen, daß die Opferriten in Form von körperlichen Übungen weniger das Ende der Welt fernhalten, als es ermöglichen sollen, den Weltuntergang jetzt, die »Apocalypse Now«, zu genießen. Das Feuer bricht aber diesmal im Innern aus, denn die »Verbrennung« ist eine privatisierte Apokalypse, so billig und einfach zubereitet wie ein Schnellgericht oder – um genau zu sein – Schnellfasten. Im allge-

meinen verbirgt die amerikanische Rhetorik der ›Selbst-Verbesserung‹ einen Hang zur Selbst-Zerstörung, ähnlich wie sich im Narzißmus ein Nihilismus verbirgt. Jean Baudrillard hat das so formuliert: »Der Körper wird gehegt und gepflegt aus der perversen Gewißheit heraus, daß er nutzlos ist, aus der völligen Gewißheit heraus, daß er nicht wieder auferstehen wird [...]. Nichts beschwört so sehr das Ende der Welt herauf wie ein Mann, der den Strand entlangläuft, eingehüllt in die Klänge seines Walkmans, und völlig in sich selbst eingesponnen seine Energie in Einsamkeit opfert. [...] Er speit sich gewissermaßen selbst aus. [...] Er muß die Ekstase der Erschöpfung erreichen, durch mechanische Vernichtung ›high‹ werden.«[22] In diesem ziellosen Laufen kommt buchstäblich die Angst zum Ausdruck, daß das Universum seinem Ende zuläuft und seine Ressourcen zu Ende gehen: und die Begeisterung für dieses seltsame Ritual legt im Verein mit der Manie, »Gewicht zu verlieren«, die Vermutung nahe, daß es die historische Mission Amerikas ist, die Autophagie des Kapitals zu verkörpern.[23]

Andererseits besitzen die Iren eine lange Tradition des Hungerns, und die Briten eine ebenso lange skandalöse Tradition, dieses Hungern zu ignorieren. Der anglo-irische Dichter Edmund Spenser verlieh nur der allgemeinen britischen Politik Ausdruck, als er schrieb: »Gewalt muß das Instrument, aber Hungersnot muß das Mittel sein, denn bis Irland nicht ausgehungert ist, kann es nicht unterworfen werden.«[24] Seine Vorhersage erfüllte sich in den vierziger Jahren des vorigen Jahrhunderts, als die Hungersnöte infolge der Kartoffel-Mißernten das Land verheerten und die aufkeimende Revolution erstickten.

Für die Briten bot es sich an, die aufsässigen Iren einfach verhungern zu lassen – Völkermord durch Vernachlässigung ist weniger barbarisch als Völkermord durch Gewaltanwendung. Der irische Schriftsteller Bram Stoker spielte vermutlich in seinem Roman *Dracula* (1897) auf die große Hungersnot an: der Vampir nährt sich – wie das Empire – vom Blut der Angehörigen anderer Nationen, und mästet seinen Körper, indem er die der anderen entleert; er saugt aber nur selten seine transsylvanischen Landsleute aus. Die Tatsache, daß die Iren in den vierziger Jahren des 19. Jahrhunderts die nie auf ihren Gütern anwesenden Großgrundbesitzer als »Blutsauger« bezeichneten, stützt die Vermutung, daß Stoker eine solche Beziehung herstellen wollte.[25] Sein Dracula delektiert sich aber vor allem an britischem Blut, er ist also eher ein Rächer der Iren als ihr Vernichter.

Freud führt aus, daß die Opfer von Traumata ihre schrecklichen Erlebnisse in ihren Handlungen und Träumen wiederholen, um von Opfern zu den Herren ihrer Vergangenheit aufzusteigen.[26] Indem sie freiwillig fasten, versuchen die irischen Hungerstreikenden unseres Jahrhunderts möglicherweise immer noch die alten Blutsauger zu besiegen und sich des Alptraums ihrer Vergangenheit zu entledigen. Der Hungerstreik wurde nach dem Oster-Aufstand von 1916 zu einem wichtigen politischen Mittel der Nationalisten, auf das allerdings auch schon die Fenier im 19. Jahrhundert zurückgegriffen hatten. William Butler Yeats war stolz darauf, daß er das Wiederaufleben dieser Form des Protestes 1904 in einem heute relativ unbekannten kleinen Schauspiel mit dem Titel *The King's Threshold* (»Die Türschwelle des Königs«) vorausgesagt hatte. In diesem Stück, auf das im Kapitel »Sar-

kophagie« näher eingegangen wird, fastet ein legendärer Dichter gegen einen König, um die alten Ehrenrechte, die man ihm verweigert hat, für sich zu beanspruchen. Es ist jedoch wahrscheinlicher, daß die irischen Nationalisten durch das für sie aktuellere Beispiel der Suffragetten inspiriert wurden – mögen sie den Feminismus auch noch so sehr verachtet haben. Die Suffragette Hannah Sheehy Skeffington behauptete, daß sie zu den ersten politischen Häftlingen gehört habe, die 1912 in Irland einen Hungerstreik begannen und so, ohne es zu wissen, zu den »Pionieren« zählte, denen noch viele andere folgen würden. Zunächst aber »sah die irische Partei Sinn Féin und ihre Verbündeten den Hungerstreik als eine weibische Sache an«.[27] Luke Gibbons hat dargelegt, daß die Nationalisten einen archaischen Präzedenzfall für einen Hungerstreik in dem uralten irischen Civil-Codex *Senchus Mor* ausgruben, um diese Beeinflussung durch den Feminismus zu verschleiern.[28] Im mittelalterlichen Irland gab es – wie im mittelalterlichen Indien – ein juristisches Mittel, das als *troscud*, als »Fasten um ein Pfand« bekannt war, das heißt, daß ein Schuldner gegen seinen Gläubiger fasten konnte, oder auch jemand, dem ein Unrecht angetan worden war, gegen den, der ihm dieses Unrecht angetan hatte. Der Kläger oder »der Mann draußen«, wie es in der gefühlvollen Terminologie des mittelalterlichen Texts heißt, hungerte auf der Türschwelle der Beklagten. Wenn ein Kläger gegen einen *nemed*, einen Adeligen, fastete, um diesen dazu zu zwingen, eine Schuld zurückzuzahlen, dann mußte der *nemed* ihm ein *rath*, eine Sicherheit oder ein Pfand, anbieten, welches garantierte, daß er seiner Verpflichtung nachkommen würde. Ein *nemed*, der sich weigerte, einem gerechtfertigten und in angemessener

Form durchgeführten Fasten nachzugeben, verlor seinerseits sein Anrecht darauf, für erlittenes Unrecht entschädigt zu werden. Wie es im *Senchus Mor* heißt: »Der, der dem, der fastet, kein Pfand gibt, entzieht sich allem; der, der alle Dinge mißachtet, soll weder von Gott noch von den Menschen entlohnt werden.«[29] Tatsächlich büßte der *nemed* in solch einem Fall alle seine Rechte innerhalb der Gesellschaft ein.

Diese Tradition fand ihren Weg ins Christentum: es gibt Legenden, in denen der irische Schutzpatron, der hl. Patrick, einen Hungerstreik gegen Gott führt. Gott gibt immer nach, denn ein Kapitulieren angesichts einer solchen Selbst-Aufopferung wurde von den frühen Christen als Zeichen für Heiligkeit angesehen. In einem Bericht über das Leben des hl. Patrick aus dem 17. Jahrhundert ersteigt dieser den Heiligen Berg, um Vergünstigungen vom Herrn zu erlangen. Er wird jedoch von einem Engel dafür getadelt, daß er zu viel fordere. Patrick beginnt daraufhin prompt einen Hunger- und Durststreik, den er fünfundvierzig Tage durchhält, bis Gott schließlich einlenkt.[30] Solche Legenden lassen vermuten, daß religiös motivierte Abstinenz ihre Ursprünge in der weltlichen Praxis, gegen einen Feind zu fasten, hatte, und daß diese beiden Traditionsstränge erst später auseinanderliefen. F. N. Robinson ist sogar der Ansicht, daß die Vorstellung, damit einen Zwang auf eine Gottheit auszuüben, beim Fasten und anderen Formen der religiösen Askese eine fundamentale Rolle spielt, und daß das, was dem modernen Christen eine Art des Sich-Aufopferns und der Erniedrigung zu sein scheint, ursprünglich einmal gewissermaßen eine Methode gewesen ist, das himmlische Königreich mit Gewalt einzunehmen.[31]

Der *Senchus Mor* legte jedoch dem Fastenden ebenso strenge Bestimmungen auf wie dem, gegen den sich der Hungerstreik richtete. Wenn der Kläger noch weiter hungerte, nachdem sich der Angeklagte zu einer gütlichen Einigung bereit erklärt hatte, büßte er automatisch alle Ansprüche ein.[32] Dies ist der faszinierendste Punkt des alten Gesetzes; er trägt sozusagen der dämonischen Seite des freiwilligen Hungerns Rechnung. Warum sollte jemand weiter fasten wollen, wenn der Hungerstreik schon seinen Zweck erfüllt hatte? Vielleicht waren es aber gerade diese Einschränkungen, die den Hungerstreikenden dazu verlockten, weiterzumachen. Wenn das so war, wurde ihm das Gesetz zum Tor in sein eigenes Jenseits, in einen Bereich, in dem man nicht fastet, um Gerechtigkeit zu erlangen, sondern weil es ein Vergnügen eigener Art bereitet, die Statuten, die einen an die Menschheit binden, abzustreifen und sich am Un-Organischen zu berauschen.

Dies ist die Art von Hunger, die Rimbaud in seinem Gedicht »Fêtes de la faim« – Feste des Hungers oder des Hungerns – verherrlicht. Rimbaud erklärt, daß er den Appetit auf jegliche Art von Nahrung mit Ausnahme von Erde und Steinen verloren hat; Schreiben bedeutet für ihn Hungern, und nur, indem er sich von Steinen ernährt, kann der Dichter Zugang zur unmenschlichen Einsamkeit der Kunst erlangen. Dieser visionäre Hunger ähnelt der wundersamen Abstinenz der mittelalterlichen Heiligen: auch sie fasteten nicht so sehr, um das Fleisch zu bezwingen, sondern um die Grenzen der Körperlichkeit zu erforschen, jenen Extrembereich, in dem menschliche Körperlichkeit sich nicht mehr von tierischer oder göttlicher unterscheidet.[33] In J. M. Coetzees Roman *Life and*

Times of Michael K (1983, »Leben und Zeit des Michael K.«) zieht sich die Hauptfigur in einen Tierbau zurück und hungert in Einsamkeit, während um ihn herum ganz Südafrika von einem Bürgerkrieg verwüstet wird.[34] Wie König Lear gibt er alles, was er an menschlichem Überfluß besitzt, auf, um sich selbst als nackter Zweibeiner zu erfahren. Auch Lear ist ein Hungerkünstler, und deshalb könnte man sagen, daß Cordelia ihrem Vater genau das gibt, nach dem er verlangt: eine Vision des »Nichts« im Herzen aller Dinge: »Nothing, my Lord.« Tatsächlich jagt Lear mit der Besessenheit eines Süchtigen hinter diesem »Nichts« her – von dem Augenblick an, als er sein Königreich weggibt, bis zu dem, in dem er den leblosen Körper seiner Tochter in den Armen hält.

Diese Beispiele machen deutlich, daß die Praxis des Hungerstreiks im katholischen Irland eine ganz andere Geschichte hat als der Schlankheitskult im puritanischen Amerika, und daß diese beiden Formen freiwilligen Fastens eine radikal gegensätzliche Bedeutung haben. Beiden liegt jedoch das System des *Opfers* zugrunde, und beide gründen auf dem Traum von einer wundersamen Verwandlung, bei der die Opferung des Fleisches durch seine Wiederauferstehung belohnt wird; im einen Fall in der körperlichen Gestalt eines Filmstars, im anderen in der eines Engels. Und diese Körper unterscheiden sich insofern nicht sehr voneinander, als beide aus einem Stoff sind, der zarter ist als Fleisch, aus Zelluloid oder himmlischem Licht. Es gibt also trotz allem Ähnlichkeiten zwischen diesen beiden Hunger-Ritualen, die die kulturellen und geographischen Divergenzen überbrücken und damit die traditionelle Deutung, die nur von ihrer jeweili-

gen Geschichte ausgeht, in Frage stellen. Mehr noch, die Hungerstreiks, die die IRA inszenierte, bringen die chronologische Darstellung der Geschichte durcheinander, weil sie etwas repräsentieren, das Seamus Heaney das »Leben nach dem Tod« früherer Proteste, früherer Selbst-Auszerrungen genannt hat. Indem sie hungern, verwandeln die Protestierenden ihre Körper in »Zitate«[35] ihrer Vorfahren und schreiben die Sache des irischen Nationalismus erneut der Zurschaustellung hungernden Fleisches ein. Eine nuancierte Analyse von Hungerstreiks muß diese intertextuellen oder sogar intergastrischen Anspielungen berücksichtigen, also nicht nur das gegenwärtige Hungern in den Blick nehmen, sondern seine Beziehungen zu vergangenem und zukünftigem Fasten. Es stimmt, daß die Bedeutung des Hungerns von dem Kontext abhängt, in dem dieses stattfindet, es stimmt aber auch, daß ein Hungern, das man sich selbst auferlegt, ein Versuch ist, den Körper aus allen Kontexten zu befreien, sogar aus dem Kontext der Verkörperung selbst. Es nimmt den Körper aus der Geschichte und der Gesellschaft heraus und macht ihn sogar geschlechtslos, wie Wole Soyinka in der fünften Woche seines Hungerstreiks in einem nigerianischen Gefängnis feststellte: »Heute morgen habe ich eine seltsame Entdeckung gemacht. Ich bin schwanger.« Sein Unterleib, berichtet er, war angeschwollen, als ob er »ein großes Ei direkt unter der Haut verborgen hätte«, das seine zu weit gewordenen Hosen ausfüllen sollte.[36]

Die Mediävisten Rudolph Bell und Caroline Bynum sind beide der Ansicht, daß die heiligen Frauen des Mittelalters aus ganz anderen Gründen fasteten als die anorektischen Heranwachsenden in den achtziger Jahren unseres

Jahrhunderts, und beide beharren darauf, daß diese kulturellen Diskrepanzen unüberbrückbar sind.[37] Es fällt jedoch auf, wie oft sich Anorektikerinnen den Diskurs religiöser Abstinenz zu eigen machen, um ihr Schwelgen in Entbehrungen zu rechtfertigen. Die Psychoanalytikerin Hilde Bruch berichtet über ein Gespräch mit einem anorektischen Mädchen, in dem dieses behauptete, gehungert zu haben, »um zu erfahren, was im Leben nach dem Tod geschieht. Enthaltsamkeit diente nur zur Vorbereitung besonderer Enthüllungen; es war wie das, was die Heiligen und Mystiker getan hatten.«[38] Mir selbst sagte eine Anorektikerin einmal, daß freiwilliges Hungern eine Suche nach »Immoralität« sei; natürlich meinte sie »Immortalität«, der Versprecher enthüllt aber, welch enge Affinität zwischen Askese und Exzeß besteht: Die Suche nach Körperlosigkeit – »Immortalität« – verschleiert eine geheime Suche nach Körperlichkeit – »Immoralität« – und einem höchst ekstatischen Aufgehen im Fleisch.

Das vorliegende Buch ist daher weder eine Geschichte des Hungerns noch ein anthropologisches, psychoanalytisches oder soziologisches Werk, obwohl es sich manchmal Erkenntnisse dieser Disziplinen zu eigen macht. Es läßt sich als eine »Phänomenologie« charakterisieren – in dem Sinn, in dem Gaston Bachelard den Ausdruck verwendet hat; denn sein Ziel ist es nicht, die Ursache freiwilligen Hungerns aufzuspüren, sondern die Metaphorik zu erforschen, die es hervorbringt. Wenn man erkennen will, was es für den Körper bedeutet, sich selbst zurückzuweisen, für den Lebenswillen, vom Traum der Entkörperlichung überwältigt zu werden, bietet einem die Sprache der Einbildungskraft mehr Aufschluß als die Sprache der Statistiken. Im folgenden Alptraum, zum Beispiel,

den eine anorektische Patientin erzählte, bemüht sich das Unbewußte das Rätsel zu entschlüsseln, warum der Körper sich selbst »abzuschaffen« versucht:

> Auf dem Friedhof stand ein kreisförmiger Tempel, eigentlich nur ein Halbkreis, in welchem auf einer quadratischen Basis eine Kugel lag – die Weltkugel. [...] Ich höre die Worte erklingen: »Jetzt ist die Einsamkeit für immer in dich eingedrungen.« Daraufhin bilden sich in meiner Haut viele Löcher wie in einem Sieb, und alle Organe, das Herz, die Lungen usw. sickern durch diese Löcher nach draußen, bis ich innen völlig leer bin. In mir ist nur die Einsamkeit, und sie ist vollkommen schwarz.

Der Psychiater, der diesen Traum aufgezeichnet hat, nennt ihn einen Mythos der Entkörperlichung, in welchem der schlafende Geist sich ein Bild von der lebensfeindlichen Macht machen will, die den Körper seiner Substanz entleert.[39] Der Körper der Träumenden stirbt nicht einfach, sondern weidet sich sozusagen selbst aus, stößt seine Eingeweide quasi in Umkehrung eines Schwangerschaftsprozesses aus. Das Bild des Tempels auf dem Friedhof legt nahe, daß dieser Traum einen Gegenglauben aufbaut, eine dunkle Idolatrie, die auf dem Symbol der *Ent*fleischlichung gründet: anstatt vom Wort geschwängert zu werden, wird die Träumende von der Einsamkeit erobert oder von der Stille vergewaltigt. Obwohl diese Spekulationen nicht ohne die Assoziationen der Patientin selbst beurteilt werden können, wird doch deutlich, daß beim freiwilligen Hungern etwas eher Eschatologisches auf dem Spiel steht als bloß modisches Schlankheitsbewußtsein oder modische Selbst-Kontrolle.

Mit dem Streben nach Schlankheit und nach Selbstkontrolle wird das Syndrom am häufigsten begründet, aber indem man sie auf diese Weise zu erklären versucht, erklärt man das Merkwürdige an dieser Disziplin der Selbstauflösung weg. Um zu entdecken, was es bedeutet, Hunger zu er-leben und das nicht aufzuhaltende Erobertwerden durch die Leere, muß man das Reich der Phantasie erforschen.

Aus diesem Grund werde ich mich bei meinen Überlegungen auf die Literatur konzentrieren, allerdings auch auf solche Formen von Literatur, die kaum als solche akademisch anerkannt sind, von Selbsthilfe-Büchern über Alpträume bis zu Graffiti. Alle diese Texte enthüllen immer wieder ein Zusammenwirken von Hungern, Schreiben und Gefangenschaft. Diese Themen lassen sich vor allem in zwei ganz verschiedenen Beispielen des Hungerns finden; so verschieden, daß es vielleicht irreführend ist, sie derselben Kategorie zuzuordnen. Das erste ist Samuel Richardsons gigantischer Briefroman *Clarissa* (1747–1748), dessen untröstliche Heldin, nachdem ihre ›Ehre‹ befleckt worden ist, jede Nahrungsaufnahme verweigert, bis sie ins Grab sinkt. Das zweite Beispiel setzt sich aus Zeugnissen des irischen Hungerstreiks von 1981 zusammen: damals hungerten sich zehn Männer zu Tode, um ihren Status als Kriegsgefangene zurückzuerhalten, den die Regierung Thatcher ihnen aberkannt hatte, indem sie sie zu »gewöhnlichen« Kriminellen erklärte. Obwohl diese beiden Geschichten eines Hungerstreiks so inkompatibel zu sein scheinen, weisen sie merkwürdige Ähnlichkeiten auf, die das vorliegende Buch ans Licht bringen will, ohne aber dabei ihre jeweiligen Eigentümlichkeiten

zu mißachten: denn zum einen gehören sie verschiedenen Bereichen des Wissens an, da es sich bei *Clarissa* um ein fiktives Werk handelt, während der irische Hungerstreik eine historische Tatsache ist. Zum andern ist die fiktive Clarissa eine Frau, während die Hungerstreikenden von Long Kesh Männer waren, und die Romanheldin durchlitt ihre Todesqualen im häuslichen Bereich, während die Gefangenen in einer öffentlichen Anstalt vor den Augen der entrüsteten Weltöffentlichkeit verhungerten. Nichtsdestoweniger hebt das Drama des Hungerns die Dichotomie zwischen dem Fiktiven und dem Realen, zwischen der Welt der Sprache und der Welt der Gewalt auf. Es ist zum Beispiel offensichtlich, daß jede Art von Nahrungsentzug irgendwann zum Tode führt, und so zeitigt das fiktive oder nachgeahmte Hungern, das ein Hunger*streik* ja in Wirklichkeit ist, am Ende dieselben Wirkungen wie die realen Entbehrungen. Noch wichtiger ist aber die Tatsache, daß der hungernde Körper selber zu einem Text wird, zu einem lebenden Dossier, das über seine Unzufriedenheiten Auskunft gibt; denn die Ungerechtigkeiten der Macht sind in den wilden Hieroglyphen seiner Leiden kodiert.

In Kafkas Erzählung »Ein Hungerkünstler« (1922) schließt sich die namenlose Hauptfigur in einen Käfig ein, um zur Unterhaltung des Publikums zu hungern. Es ist der öffentliche Blick, der ihn sichtbar bleiben läßt, auch wenn er sich noch so schonungslos anstrengt, sein Fleisch verschwinden zu lassen, und erst als er dieses Beobachtetwerdens verlustig geht, stirbt er. Die Moral dieser Geschichte scheint zu sein, daß wir nicht durch Nahrung, sondern durch den Blick der anderen überleben, und daß es also

unmöglich ist, vom Hunger zu leben, es sei denn, daß man dabei gesehen oder als Gesehener hingestellt wird.
Freiwilliges Hungern ist vor allem eine Vorführung. Wie Hamlets »Mausefalle« wird es in Szene gesetzt, um das Gewissen der Zuschauer gefangenzunehmen, sie zu der Erkenntnis zu zwingen, daß sie an dem Spektakel, das sie da sehen, beteiligt sind. Anorektiker »hungern, um Aufmerksamkeit zu erlangen«[40]; sie machen in jeder Hinsicht *ein Schauspiel aus sich selbst*. Und da ihr Exhibitionismus durch keinen geringeren Grad an Nacktheit als totale Entfleischlichung befriedigt werden kann, hungern sie, bis ihre Skelette »in Haut gekleidet« sind – wie Richard Morton, dem man gemeinhin die Entdeckung der Anorexie zuschreibt, es 1689 bei der Beschreibung eines fastenden Mädchens formulierte.[41] Obwohl der anorektische Körper eine radikale Negation des Anderen auszudrücken scheint, braucht er doch den Anderen als Zuschauer, damit er überhaupt als Ausdruck von irgend etwas aufgefaßt werden kann. Deshalb ist die Auszehrung des Körpers, die auf eine schroffe Ablehnung des Anderen hinzuweisen scheint, gleichzeitig auch ein seltsamer Versuch, diesen zu verführen.
Bei dem irischen Hungerstreik von 1981 war es nicht das Hungern sondern die Zurschaustellung des Hungerns, durch das die Gefangenen ihre Unterdrücker beschämten und die Sympathien ihrer Glaubensgenossen erwarben. Das Ergebnis des Streiks hing von der Repräsentation ab, und zwar von Repräsentation im Sinne von Darstellung und Vertretung. Denn erst als Bobby Sands zum Parlamentsmitglied, zum politischen Vertreter der Grafschaft Fermanagh gewählt worden war, schwärmten Presseleute aus der ganzen Welt nach Belfast, um seinen hungernden

Körper der Nation zu präsentieren. Das Merkmal jedoch, das einen Hungerstreik von allen anderen Formen freiwilligen Fastens unterscheidet, ist das verbale Statement, das das stumme Zeugnis des ausgezehrten Körpers ergänzt. Um aus ihrem eigenen Körper eine Geisel, aus ihrer eigenen Sterblichkeit ein Mittel der Erpressung machen zu können, müssen Hungerstreikende den Grund für ihre Abstinenz verkünden. Auf diesen seltsamen Umstand, daß Fasten mit Verschlossenheit einhergeht, ein Hungerstreik aber von »Gesprächigkeit« begleitet wird, gehen zahlreiche der im folgenden untersuchten Werke ein. In Victor Serges Roman *The Case of Comrade Tulayev* (1940–1942, »Der Fall des Genossen Tulayev«) weigert sich der russische Dissident Ryzhik zu essen, als er aus Sibirien nach Moskau zurücktransportiert wird, um ein letztes Mal den stalinistischen Machthabern gegenübergestellt zu werden. Obwohl er bereits wegen seiner Hungerstreiks zu einer legendären Figur geworden ist, verbirgt er diesmal sein Fasten: er spült seine Rationen im Gefängnis die Toilette hinunter und schluckt seine *Worte* anstelle von Nahrung. Aufgrund seines Schweigens entdecken die Machthaber erst, daß er hungert, als es schon zu spät ist, ihn für eine offizielle Exekution zu ›retten‹. Ryzhik entscheidet sich also für den Freitod als letztes Mittel des Widerstandes gegen den Staat und nicht für das langsame Sterben als Mittel des Protestes, aber es ist nur seine Weigerung, seine Motive mitzuteilen, die den Hungerstreik in einen Selbstmord verwandelt.[42]

Eine ähnliche Mehrdeutigkeit tut sich in Coetzees *The Life and Times of Michael K* auf: der Protagonist kann sein freiwilliges Hungern nicht rechtfertigen, weil es ihn aus der Welt der Begründungen in einen Bereich des

Mangels geführt hat, aus dem es keine Rückkehr gibt. Er ist mit einer Hasenscharte auf die Welt gekommen, mit einer Verletzung also an der Körperöffnung, die der Nahrungsaufnahme und dem Sprechen dient, und seine Eßhemmungen werden von noch größeren Sprachhemmungen übertroffen. Seine Worte verklingen schon, bevor er sie überhaupt ausgesprochen hat, als ob der Mangel, den zu verkörpern ihm beschieden ist, diese Worte zusammen mit seinem Fleisch verschlingen würde: »Immer wenn er sich sich selbst erklären wollte, blieb eine Lücke, ein Loch, ein Dunkel, vor dem das Verstehen innehielt, in das Wörter zu gießen sinnlos war. Die Wörter wurden aufgegessen, die Lücke blieb. Seine Geschichte war auf ewig eine Geschichte mit einem Loch: die falsche Geschichte, immer falsch.« Von seinem Hungern verwirrt, versuchen die Behörden, eine Erklärung aus ihm herauszupressen, die seiner Anorexie den Status eines Hungerstreiks geben und so wieder in den Bereich der Bedeutungen zurückführen würde: »Fastest du?« fragen sie. »Fastest du aus Protest?« Michael K. jedoch antwortet auf ihre Fragen mit einem Schweigen, das so unauslotbar ist, wie die anorganische Welt, in die zurückzukehren ihn hungert.[43]

Dieses Schweigen ist es, das Hungerstreikende brechen müssen, wenn ihr Fasten als Protest verstanden werden soll. Aus diesem Grund könnte man Hungerstreiks mit terroristischen Akten vergleichen; denn die Wirkung jeder dieser beiden Formen des Protestierens beruht gleichermaßen auf Worten wie auf der Anwendung von Gewalt. Tatsächlich betrachtet Uri Eisenzweig den Terrorismus als ein »textuelles Phänomen« und unterscheidet zwei verschiedene Kategorien von Texten, die dabei eine

Rolle spielen. Die erste Kategorie bilden die Statements der Terroristen selbst, nachdem sie schon mit explosiveren Mitteln ihrem Protest Ausdruck verliehen haben, und in denen sie Begründungen für ihre Anschläge abgeben. Die zweite Kategorie bilden die Berichte in den verschiedenen Medien, mit denen spontan auf die Ereignisse reagiert wird, und die Studien, Artikel und Bücher darüber, die später folgen. »Der Blitz der Bombe / kam vor dem Lärm«, schreibt Seamus Heaney in *Station Island* (1984), in seiner Darstellung der terroristischen Aktivitäten von Francis Hughes, dem zweiten Gefangenen, der 1981 den Hungerstreik mit dem Leben bezahlte.[44] Ähnlich wie der Knall der Bombe nach dem Blitz zu vernehmen ist, finden auch die Anschläge mit Verzögerung ihren Widerhall in den Texten der verschiedenen Art, oder, wie Eisenzweig es ausdrückt, es klafft eine zeitliche Lücke »zwischen dem plötzlichen Verschwinden der Materie und dem traumatischen Erscheinen von Wörtern«. Von allen Verlautbarungen, die der Terrorismus hervorbringt, sind aber die Statements der Terroristen die wesentlichsten; sie geben ihren Taten eine Bedeutung. »Wenn man ein solches Statement abzieht«, meint Eisenzweig, »bleibt nur noch ein abnormes Ereignis zurück, eine einzelne verrückte Tat oder – ganz einfach – ein unerklärliches Geschehen. Der Text, den die Terroristen auf einem Stück Papier niederschreiben oder durch das Telefon durchgeben, fungiert als Unterschrift, mit der die Tat erst *vollzogen* wird. Ohne ihn ist nichts beglaubigt, ist es nicht legitim, davon zu sprechen, daß ein (terroristischer) Akt stattgefunden hat. Mit anderen Worten: das Existieren eines ihn begleitenden Textes ist alles andere als eine bloße Konsequenz oder sogar die Fortsetzung des Aktes

selbst, sondern die Grundlage der terroristischen Aktivität, ihre unabdingbare Voraussetzung.«[45]

In stillschweigender Anerkennung dieses Prinzips haben die irische und in jüngster Zeit auch die britische Regierung es paramilitärischen Organisationen untersagt, ihre Ansichten über das Fernsehen zu verbreiten. Es ist immer noch »legal«, wenn ihre Körper auf dem Bildschirm erscheinen, ihre Worte dürfen aber nicht mehr aus dem Lautsprecher schallen. Offenbar werden also die Erklärungen der Terroristen als etwas empfunden, das mehr Vernichtungspotential besitzt als die Körper, die die Anschläge ausführen. Auch der Akt des freiwilligen Hungerns kann nur dann den Status eines Hungerstreiks erlangen, wenn die ihm zugrunde liegenden Absichten verkündet werden. Wenn dies nicht geschieht, wird das Hungern sinnlos, seiner Bedeutung und seiner Botschaft beraubt. Hungerstreikende müssen also das Mysterium ihres schwindenden Fleisches in einem Text, mit Wörtern erklären.

Im Fall des irischen Hungerstreiks nahm dieser Text die Form von fünf Forderungen an, mit denen die Häftlinge ihre Anerkennung als Kriegsgefangene durchsetzen wollten. Die Protestierenden gaben aber selbst zu, daß ihre ultimativen Forderungen eher dazu dienten, ihr Opfer zu rechtfertigen als es zu erklären.[46] Trotzdem fanden ihre Leiden einen starken Widerhall in den Medien, und die zahllosen Berichte verschafften ihnen den heroischen Status, den sie mit ihrer eigenen Propaganda nicht hatten erlangen können. David Beresford, der Nordirland-Korrespondent des *Guardian*, meinte, daß der Hungerstreik eines der Ereignisse der britischen Nachkriegsgeschichte gewesen sei, über das am meisten berichtet wurde:

»Während jener Monate 1981 flossen Millionen von Wörtern, die ›die Geschichte erzählten‹, aus Irland heraus und wurden durch die Medien auf der ganzen Welt verbreitet.«[47]

In der Theorie erreichen Hungerstreikende ihre Ziele, indem sie die unmittelbar betroffene ›Obrigkeit‹ unter Druck setzen, das heißt, es ist unnötig, die Medien einzuschalten, wenn es nicht um eine weitreichende politische Frage geht. Der moderne Terrorist ist aber eine monströse Ausgeburt der Weltpresse, der wird erst von den omnipräsenten Medien geschaffen. Der Terrorismus wird, wie Baudrillard nachgewiesen hat, »sofort von konzentrischen, von den Medien und der Faszination erzeugten Wellen ergriffen«, gerichtet auf die »Massen in ihrem Schweigen, ihrem atemlosen Schweigen beim Anhören von Information«. Wenn Terroristen wahllos irgendwelche Geiseln nehmen, zielen sie auf das charakteristische Produkt dieser Massenkultur, »das anonyme und völlig undifferenzierte Individuum, die anonyme Größe, die an die Stelle von jeder anderen treten kann«.[48]

Joseph Conrad nimmt dies bereits in seinem 1907 erschienenen Roman über Terrorismus, *The Secret Agent* (»Der Geheimagent«), vorweg.[49] Vladimir, der russische Anarchist, befiehlt Verloc, seinem Londoner Agenten, im Observatorium von Greenwich eine Bombe zu legen, und zwar nur, um einen Empörungssturm in der Presse zu entfesseln: »Wenn der Nullmeridian in die Luft gesprengt wird, muß das einen Aufschrei des Abscheus« auslösen (35). Er beharrt darauf, daß Bombenlegen, wenn man damit in der modernen Zeit noch eine Wirkung erzielen will, »rein destruktiv« sein muß: »Das muß es sein

und nur das, erhaben über den leisesten Verdacht, daß es
ein anderes Ziel verfolgt« (32). Denn der Terrorismus
zielt »überall zu jeder Zeit auf jeden«; seine Eruptionen
müssen plötzlich erfolgen, isoliert sein und epiphanisch,
wenn sie nicht als normaler Mord angesehen werden sollen, der »schon fast eine Institution« ist (33), oder als eine
andere Form der gezielten Einschüchterung wie Erpressung. Die Wirkung des Terrorismus liegt genau in seiner
Sinnlosigkeit begründet, in seinem Angriff auf die Teleo-
logie an sich: er ist blind wie eine Naturgewalt, unvorher-
sehbar wie ein Eingreifen Gottes. Aus diesem Grund
kann er nicht Teil einer moralischen, zeitlichen oder kau-
salen Ordnung von Ereignissen sein. Seine kleinen »Wellen«, schreibt Baudrillard, vereinigen sich nicht im Fluß
der Geschichte, sondern bilden Geschichten, Schockwel-
len in den Medien.[50] Die Ordnung an sich ist der »wahre
Feind« des Terrorismus, wenn auch die Ausführenden
noch so nachdrücklich erklären, daß sie den Kapitalis-
mus, den Imperialismus oder eine der anderen großen
Abstraktionen bekämpfen. Was ein terroristischer Akt
letztlich bedeutet, ist, in Conrads Worten, die Möglichkeit, »die soziale Ordnung hinwegzuwischen« (32).
Es ist kein Zufall, daß Baudrillards Darstellung des Terrorismus so viele Entsprechungen in Conrads zutiefst
konservativer Analyse findet: machen doch beide den
Fehler, Terrorismus als einheitliches Phänomen zu betrachten und die Diskrepanzen zwischen den einzelnen
Gruppen, ihren Programmen und ihren geschichtlichen
Entwicklungen außer acht zu lassen.[51] In jedem Fall aber
unterscheidet sich die Art von Protest, die Baudrillard
und Conrad verurteilen, fundamental von einem Hungerstreik, der die Idee von Ordnung nicht nur nicht sa-

botiert, sondern sogar die Macht, die er erpressen will, legitimiert. Weil sein Geheimnis darin liegt, den Unterdrücker mit einem Schauspiel des Machtverlustes zu überwältigen, ist ein Hungerstreik eher eine geniale Methode, die hierarchischen Beziehungen nachzuspielen, als ihre Gültigkeit in Frage zu stellen. Dies ist beim Terrorismus nicht der Fall, der in gewisser Weise mehr der Anorexie entspricht als dem organisierten Widerstand eines Hungerstreiks. Der Anorektiker lehnt die Rituale der gemeinsamen Nahrungsaufnahme ab, die das Fundament der Gesellschaft bilden, und bewegt sich auf eine Nicht-Anerkennung der Grenzen des organischen Lebens zu. Überdies greift die Anorexie – wie der Terrorismus – das soziale Gefüge an jeder beliebigen Stelle an und belegt so die Meinung Foucaults, daß in der Moderne die Macht dezentralisiert worden ist und eine Myriade einzelner, ›lokaler‹ Kämpfe um sie stattfinden. Wie der Terrorismus hängt auch die Anorexie von der Kluft zwischen der Tat – dem Hungern – und der Begründung ab: Tue es jetzt, erkläre später! An dieses terroristische Gesetz der nachgereichten Begründung hält sich auch der, der zwanghaft hungert. Tragisch ist jedoch, daß Anorektiker nur sehr selten überhaupt Erklärungen abgeben, und daß sie, wenn sie es tun, damit eher ihre Krankheit leugnen, als deren destruktive Logik in den Griff bekommen. Anorektiker lügen, wie Sheila MacLeod es in ihrem autobiographischen Bericht über diese Krankheit, *The Art of Starvation* (»Die Kunst des Hungerns«), dargelegt hat.[52] Anorektiker erfinden Lügen, um diesen offenen Brief, ihr verhungerndes Fleisch, zu verbergen. Sie geben vor zu essen, um ihre Leere unversehrt zu erhalten. Unter dem Deckmantel ihrer Wörter praktizieren sie weiter ihre As-

kese, huldigen sie einer erbarmungslosen und sinnentleerten Religion, die schon von deren eigenen Göttern aufgegeben worden ist.

Während Anorektiker lügen, spielen Hungerstreikende gern die Motive für ihr riskantes Spiel mit dem Tod herunter. Die Hungerstreikenden von Long Kesh behaupteten, gegen die Gefängniskleidung zu protestieren, aber es erscheint kaum glaubhaft, daß jemand sich zu Tode hungert, um Zivilkleidung tragen zu können. Hier standen die Erklärungen in einem schreienden Mißverhältnis zu dem katastrophalen Geschehen. Dennoch vervielfältigten sich diese Erklärungen in demselben furiosen Maß, in dem ihre Körper dahinschwanden, so als ob ihr Fleisch von ihren Worten aufgefressen würde. Die Darstellung dieses vampirhaften Verhältnisses zwischen Wörtern und Fleisch ist, wie das dritte Kapitel noch zeigen wird, typisch für die Werke, die freiwilliges Hungern zum Thema haben. Je dünner der Körper, desto dicker das Buch: es scheint als ob die liliputanerhafte Reduzierung des Fleisches eine entsprechend riesige Inflation von Worten mit sich bringt.
Der Glaube, daß Wörter an die Stelle von Nahrung treten können, geht auf das Alte Testament zurück, vor allem auf die berühmte Stelle im fünften Buch Mose, in der es heißt, daß Gott die Menschen demütigte, damit sie erkannten, »daß der Mensch nicht lebt vom Brot allein, sondern von allem, was aus dem Mund des HERRN geht«. »Wenn ihr euch an diese Wahrheit haltet«, schrieb die hl. Katharina, »werdet ihr ein Leben voller Gnade führen und nie des Hungers sterben, denn das WORT selbst wird eure Speise sein.«[53] Und in der Offenbarung

des Johannes fordert der Engel den Erzähler auf, das Heilige Buch zu verschlingen, »es wird dich im Bauch grimmen; aber in deinem Munde wird's süß sein wie Honig«. In Amerika jedoch sind es heute Schlankheitssuchende, die Bücher anstelle von Nahrung verschlingen und auf diese Weise schon vor der Zeit die Apokalypse genießen. Die Diät-Industrie produziert eine Flut von Schriften, mit denen Frauen genötigt werden, ohne Unterlaß zu fasten. Foucault meint, daß die Diskussion über Sexualität ihre Ursprünge im Beichtstuhl hatte, in dem Begierden formuliert und nicht durch Handlungen befriedigt wurden. Heutzutage ist jedoch die Küche und nicht das Schlafzimmer der Ort, an dem die Versuchung lauert und Sünden begangen werden. Und das Genre der Beichte, des mündlichen Eingeständnisses sexueller Vergehen, ist von einem Genre schriftlicher Bekenntnisse abgelöst worden, von den »Geständnissen eines Toiletten-Essers«, um den Titel eines jüngst erschienenen Werks dieser Art zu zitieren.[54] In diesen Schriften wird alles Essen, das die Autorin jemals verzehrt hat, voller Schuldbewußtsein in Form von Wörtern wieder hervorgewürgt, so daß der Akt des Schreibens eine ähnlich kathartische Funktion bekommt wie das Sich-Erbrechen bei Bulimikern. Darüber hinaus wird jeder Leser dazu aufgefordert, sich an der Produktion dieser Art von Literatur zu beteiligen, das heißt Messer und Gabel aus der Hand zu legen und statt dessen zu Federhalter und Tinte zu greifen. Sogar ideologisch ganz anders geartete Werke wie Wendy Stehlings *Thin Thighs in Thirty Days* (»Schlanke Schenkel in dreißig Tagen«) und Susie Orbachs *Fat Is a Feminist Issue* (»Fett ist ein feministisches Thema«), richten dieselbe Aufforderung an den Leser: Schreib *alles* auf, was du ißt.

In einer säkularen Variante der Eucharistie soll Fett in Prosa gewandelt werden. Die Weight-Watchers-Organisation bietet jetzt ein Tagebuch an, das mit Hilfe eines Magneten an der Kühlschranktür befestigt wird und die Schlankheitskurende auf diese Weise dazu ermahnt, erst einmal zu denken, bevor sie handelt, beziehungsweise zu *schreiben*, bevor sie *ißt*. Man fragt sich, wie sich ein Historiker in hundert Jahren dieses Genre erklären wird, diese endlosen Inventare, in denen die um Schlankheit Kämpfende jeden Happen verzeichnet. Zwar schreiben sie offiziell, um sich selbst vom Essen abzuhalten, man könnte aber auch sagen, daß sie essen, um weiter schreiben zu können, denn jeder Krümel liefert den Anlaß für eine weitere Notiz. Überdies konservieren ihre Wörter das Essen für ein zukünftiges Genießen, sie bannen es wie tiefgefrorene oder gefriergetrocknete Nahrung auf den Seiten ihres Büchleins fest. Auf diese Weise kann jede verbotene Mahlzeit noch einmal verschlungen, mit jedem Wiederlesen wiedergegessen werden. Und die süßen Entbehrungen des Schreibens treten an die Stelle der vulgären Genüsse des Essens.

In jüngerer Zeit ist durch die Verbreitung der Anorexie, die als dämonisches Pendant der Schlankheitsmode angesehen werden kann, eine neue Schreibwelle ausgelöst worden. Während es noch strittig ist, ob die Krankheit selbst wirklich immer stärker um sich greift, kann es als gesichert gelten, daß die Schriften über sie sich epidemisch verbreiten: die Anorexie hat jedes Fach infiziert, die Medizin, die Psychologie und die Soziologie, sie ist aber auch in Frauenmagazinen ausgebrochen und in der Literaturkritik. »Mit dieser Literatur Schritt zu halten, ist eine Herkulesarbeit«, schreibt Joan Brumberg in ihrem

Beitrag zu dieser Lawine, *Fasting Girls* (»Fastende Mädchen«).⁵⁵ Der vorliegende Band ist eine relativ schlanke Hinzufügung zu diesem Genre, das normalerweise ausgeprägt bibliophage Tendenzen hat. Caroline Bynums Untersuchung über Frauen und ihr Eßverhalten im Mittelalter *Holy Feast and Holy Fast* (»Heiliges Fest und heiliges Fasten«), verdankt ihre Brillanz einer intellektuellen Gefräßigkeit, und Brumbergs *Fasting Girls* ist sogar mit noch mehr Hinweisen auf andere Werke vollgestopft, als ob zwanghaft die Datenbank geleert werden müßte. 1981 gründete man, um diese immer mehr zunehmende Literatur verdauen zu können, das *Journal of Eating Disorders* (»Zeitschrift für Eßstörungen«), und obwohl es letztlich das Ziel dieser Zeitschrift ist, zur Heilung dieser Störungen beizutragen, hat sie bisher vor allem deren öffentliche Verbreitung bewirkt. Brumberg weist darauf hin, daß »die Idee, Werbung für eine Krankheit zu machen, nicht unbekannt ist«, da »Amerikaner sogar auf dem Krankheitssektor vom Wettbewerbsgeist beseelt sind«; und da es keine soziale Gesundheitsfürsorge gibt, müssen Ärzte und Forscher sich routinemäßig darum bemühen, Geldmittel für ihre Arbeit aufzutreiben.⁵⁶ Andere glauben, daß die Verbreitung der Krankheit in Texten und durch Texte tatsächlich viele Frauen zum freiwilligen Hungern verführt habe. Hilde Bruch berichtet, daß eine Reihe ihrer Patientinnen behaupteten, aus den zahllosen Büchern und Fernsehsendungen über Bulimie und Anorexie gelernt zu haben, wie man sich entleert oder wie man hungert.⁵⁷ Die Vorstellung, daß Worte möglicherweise die Krankheit auslösen können, legt es nahe, die Ablehnung von Essen als eine Metapher für die Ablehnung von Wörtern zu begreifen; denn was

anderes können Anorektiker nicht *schlucken* als die Wörter, die ihre Krankheit verursachten? In jedem Fall deutet die Tatsache, daß sie überzeugt sind, sich die Krankheit durch die Medien zugezogen zu haben, darauf hin, daß Anorexie ein Leiden des McLuhan-Zeitalters ist, das es also durch Telekommunikation und nicht durch Kontakt von Mensch zu Mensch übertragen wird.

Warum hat das Thema Anorexie eine solche Wortorgie ausgelöst? Wissenschaftliche Untersuchungen, Selbsthilfe-Bücher und autobiographische Berichte über die Krankheit sind seit einem Jahrzehnt nur so aus den Druckerpressen geflossen, als ob mehr zu lesen weniger zu essen bedeutete: mehr Wörter, weniger Fleisch. Da Lesen und Schreiben den Prozeß des Essens und Ausscheidens nachahmen, stellen sie eine Art Ersatzdroge dar, mit der die Obsession bekämpft werden kann. Auf dem Umschlag von Susie Orbachs Buch über Anorexie, *Hunger Strike*, prangt tatsächlich die Aufschrift »Zwangslektüre«.[58] Sogar die Geschichte wird heute in dem Versuch, berühmte Anorektiker der Vergangenheit aufzuspüren, neu geschrieben; bezeichnenderweise werden dabei meist Schriftsteller ausfindig gemacht; dadurch wird noch einmal bestätigt, daß es eine Verbindung zwischen Hungern und Schreiben gibt, zwischen dem Hunger des Fleisches und der Vermehrung der Zeichen.[59] Sandra Gilbert und Susan Gubar sind der Ansicht, daß freiwilliges Hungern *das* Leitmotiv in der Frauenliteratur des neunzehnten Jahrhunderts ist.[60] In Emily Brontës *Wuthering Heights* (»Sturmhöhe«, 1847) zum Beispiel kopieren Catherine und Heathcliff den Hungerstreik des jeweils anderen, wobei sie sein Fasten noch zu übertreffen versuchen, als ob sie miteinander um dieselbe Verausgabung konkur-

rierten oder zu einem Wettlauf in Richtung Ewigkeit angetreten wären. Helena Michie hat festgestellt, daß in der viktorianischen Literatur immer wieder große Abendessen, gemütliche Teerunden oder andere Rituale der gemeinsamen Nahrungsaufnahme dargestellt werden, daß man aber nur sehr selten vor Augen geführt bekommt, wie die Heldin eines Romans Essen zu sich nimmt. Dickens' Roman *Great Expectations* (»Große Erwartungen«, 1860–1861) – den Michie seltsamerweise nicht erwähnt – besteht aus einer Aneinanderreihung von Essensszenen; in jeder von ihnen wird etwas über die Klasse und den Charakter derer, die an der Mahlzeit teilnehmen, ausgesagt. Trotzdem wird in diesem Roman vor allem die Anorexie ins Bild gesetzt: durch das verschimmelnde ungegessene Hochzeitsmahl in Satis House, welches die sitzengelassene Braut, Miss Havisham, weder ißt noch wegwirft. Dieses Mahl wird zur Metapher für alle Objekte der Begierde, die nicht erreicht oder konsumiert werden können. Nur Spinnen, die offenbar vor Anorexie gefeit sind, verzehren das makabre Festessen.

Viele Kritiker haben Symptome für Anorexie nicht nur bei fiktiven literarischen Gestalten entdeckt, sondern auch bei deren Schöpfern, und Lyriker scheinen besonders anfällig für diese Krankheit zu sein. Sowohl Emily Dickinson als auch Sylvia Plath sind als Anorektikerinnen enttarnt worden, und ihre Erkrankung wird dahingehend interpretiert, daß sich in ihr der Hunger ihres Geschlechts nach den Möglichkeiten, die Frauen vorenthalten werden, Ausdruck verschafft. Wenn einige Romanautoren der Krankheit zu entgehen vermochten, dann vielleicht, weil sie sie auf ihre Figuren übertragen konnten, anstatt sie selbst zu durchleben. Richardson

zum Beispiel wurde von seinem verrückten Arzt George Cheyne zu einer Hungerkur geknüppelt. Cheyne verlangte von dem korpulenten und in Worten schwelgenden Autor nicht nur, daß er weniger Essen zu sich nehme, sondern auch weniger Wörter hervorbringe. »Vermeiden Sie es, so gut es geht, etwas in die Länge zu ziehen«, riet der Arzt. »Leser lieben Geschwindigkeit beim Erzählen und rasche Entgegnungen. Halten Sie sie vom Dösen ab.« Nachdem diese überschüssigen Wörter vernichtet worden sind, kann man dazu übergehen, den Autor von seinem überschüssigen Fleisch zu befreien – und das ideale Mittel ist ein kräftiges Erbrechen. »Ihr kurzer Hals ist ein Argument für ein hin und wieder zu provozierendes Erbrechen«, schreibt Cheyne, »denn kein Tier mit langem Hals kann sich erbrechen.«[62] Eine solche Lebensweise hätte Richardson möglicherweise bald zu Tode gebracht, wenn er nicht den Roman *Clarissa* geschrieben hätte, in dem er die Heldin stellvertretend für sich selbst aushungert.

Byron ist ebenfalls ein Dichter, der für sein asketisches Leben bekannt war, vor allem für seine Blitz-Diät, die aus Kartoffeln und Essig bestand, und ihn auf einen Schlag mehrere Kilo Gewicht verlieren ließ. In einem vor kurzem erschienenen Aufsatz wird allen Ernstes behauptet, daß er ein Anorektiker gewesen sein muß, da seine berühmteste Tat, das Durchschwimmen des Hellespont, ein Beleg für die Hyperaktivität sei, die die Krankheit charakteristischerweise auslöse.[63] Mag diese Interpretation auch lächerlich sein, so ist doch die Tatsache, daß die Suche nach literarischen Anorektikern zu Byron führt, aufschlußreich; denn in seiner Zeit wurde der Mythos vom hungernden Poeten erstmals verbreitet. Dieser My-

thos entstand als Reaktion auf das allmähliche Dahinschwinden des Mäzenatentums, welches bedeutete, daß die Dichter von ihren eigenen Werken leben mußten; was wiederum zur Folge hatte, daß diese Werke das Leben ihrer Autoren aufzehrten. Gegen Ende des neunzehnten Jahrhunderts hatte diese Entwicklung jenen Höhepunkt erreicht, den George Gissing in *New Grub Street* (1891) anprangert: der Protagonist des Romans erhält sich durch Schreiben am Leben, opfert jedoch, indem er ungeheure Wortmengen produziert, seinen eigenen Körper, das heißt er befriedigt die Gier des Publikums nach Mammutromanen, indem er seine eigene Substanz hergibt. Es überrascht kaum, daß die Vampirlegende zu derselben Zeit, in der der Mythos vom hungernden Künstler erfunden wurde, eine Neubelebung erfuhr: beides verleiht der Furcht Ausdruck, von seiner eigenen Schöpfung aufgefressen, vom Schreiben ausgelaugt, durch Wörter ausgeblutet zu werden. James B. Twitchell hat gemeint, daß »Vampirismus im kreativen Prozeß angelegt« ist, jedenfalls was die Romantiker anbelangt, da diese die Kunst als einen Austausch von Energien zwischen dem Künstler, dem Publikum, dem Stoff eines Kunstwerks und diesem selbst begriffen.[64] Jedes dieser Elemente kräftigt sich selbst, indem es das Lebensblut der anderen in sich aufsaugt.

Michel Serres nimmt dieses Thema in seinem Buch über den »Parasiten« – den armen Verwandten des normalerweise aristokratischen Vampirs – wieder auf. Er legt dar, daß das Verhältnis zwischen dem Künstler und seinem Werk eines der gegenseitigen Auszehrung ist, und daß man eigentlich den Schmarotzer nicht mehr von seinem Wirt unterscheiden kann. Das Werk, schreibt er, »frißt

seinen Urheber, verschlingt sein Fleisch und seine Zeit; tritt allmählich an die Stelle seines Körpers. Diese Invasion ruft Angst hervor. Wer bin ich? Das da, schwarz auf weiß geschrieben, zart, und dies ist mein Körper, hat die Stelle meines Körpers eingenommen, zerbrechlich. Dies ist mit meinem Blut geschrieben. Ich blute durch es, und es wird erst mit dem letzten Tropfen zu Ende sein. Das Werk schmarotzt an seinem Urheber [...]. Er stirbt daran. Und er kann nichts dagegen tun. Er lebt von ihm. Ich esse mein Werk und durch mein Werk; ich trinke täglich die hervorströmende Produktion.«[65] Als Reaktion auf dieses Verhältnis wird in vielen Werken eine Reise in die Unterwelt dargestellt, in der es Geister gibt, die Blut trinken: die Körper der Schriftsteller werden von eben den Wörtern verzehrt, die ihre ›Geistigkeit‹ und ihr Nachleben ermöglichen.

Moderne Schriftsteller erfahren sich selbst als noch dünner und zarter, als ihre romantischen Vorläufer sich vorkamen, wohingegen ihre Werke aufgedunsener sind von ihrem verlorenen Elan. In *Finnegans Wake* beschreibt Joyce den Schriftsteller als einen Tintenfisch, der hinter seiner eigenen Tinte verschwindet, sein »Tintenfischselbst« wird von seinem »Spritzschirm« ausgelöscht, und mit jedem Wort, das er der Unsterblichkeit anvertraut, wird er Dorian-Gray-ähnlicher: »with each word that would not pass away the squidself which he had squirtscreened from the crystalline world waned chagreenold and doriangrayer in his dudhud.«[66] André Gide beschrieb die *condition*, in der er sich als Schriftsteller befand, als eine Form von Anorexie.[67] In Knut Hamsuns Roman *Hunger* (1890) ist der Held ein hungernder Schriftsteller, und es scheint das Schreiben zu sein, das seinen Körper

leert, die Wörter mästen sich an seinem fastenden Fleisch. »Es war, als ob sich eine Ader öffnete, ein Wort floß nach dem anderen heraus«, wundert er sich. »Ich schrieb, als ob ich besessen sei.« »Ich kam mir selbst von Kopf bis Fuß ausgehöhlt vor.«[68] Das Erschaffen eines Kunstwerks hat die Zerstörung des Künstlers zur Folge, seine Schriften lassen seinen Körper ausbluten. In Aldous Huxleys früher Geschichte »The Farcical History of Richard Greenow« (»Die groteske Geschichte von Richard Greenow«, 1920) wird die Titelfigur von dem Geist einer Verfasserin sentimentaler Romane namens Pearl Bellair besessen.[69] Mit Greenows ohnmächtiger Hand kritzelt sie endloses Gewäsch, und Greenow beginnt aus Protest gegen ihre Besetzung seines Bewußtseins einen Hungerstreik. In »Ego Dominus Tuus« stellt Yeats Keats dar, wie er die Nase gegen die Schaufensterscheibe eines Konditorladens preßt, womit gesagt werden soll, daß Hunger die »freudlose Quelle« seines »üppigen Gesangs« war.[70] Denn wenn die Leidenschaften »keine Erfüllung« finden, die Sinne und das Herz nicht befriedigt werden, entstehen »Visisonen«.[71] Aus diesem Grund müssen Yeats zufolge Dichter nicht nur dünn, sondern auch alt sein: ihre Dichtung verzehrt ihre Jugend und ihre Potenz, ihre Visionen nagen an ihrer Lebenskraft, so wie der Adler an den Eingeweiden des Prometheus hackt.

Die Vorstellung, daß Dichtung ihren Ursprung in der Not hat, ist in der zeitgenössischen Literaturkritik wiederbelebt worden. Man führt sie heute eher auf Jacques Lacan zurück als auf Yeats und dessen Vorläufer aus der Zeit der Romantik. Lacan jedoch faßt diese Not oder diesen »Mangel« als eine Art von Kastration auf und nicht als eine Art von Hunger. In der vorliegenden Untersu-

chung soll aber nachgewiesen werden, daß eine umfassendere Poetik des Hungerns an die Stelle der phallischen Poetik der Begierde gesetzt werden muß. Kastration ist ein zu kleines Opfer, eine zu harmlose Art von Verletzung, um die Initiation des Körpers in die Sprache bewirken zu können, eine Initiation, die es verlangt, daß man jedes Pfund Fleisch aufgibt. Die literarischen Werke, die im folgenden untersucht werden, zeigen, daß die Sprache und der Körper sich in einem zermürbenden Kampf gegenüberstehen, aus welchem das Wort letztlich als Sieger hervorgeht, während das Fleisch zum Untergang verurteilt ist. Es wäre einfach, dies im Rahmen der Ökonomie des Opfers zu interpretieren, das heißt dahingehend, daß die Darbringung des Fleisches durch das Geschenk der Sprache belohnt wird; aber damit würde man die finstere Logik, die dem Widerstreit innewohnt, banalisieren. Denn Schreiben entleert den Geist von Wörtern, so wie Hungern den Körper seines Fleisches beraubt, und in beiden Handlungen kommt die Sehnsucht nach einer unvorstellbaren Entbehrung zum Ausdruck.[72] Wir hungern nicht, um zu schreiben, sondern *schreiben, um zu hungern*: und wir hungern, um die Überlegenheit des Mangels anzuerkennen und den Herrschaftsbereich der heißhungrigen Nacht zu erweitern.

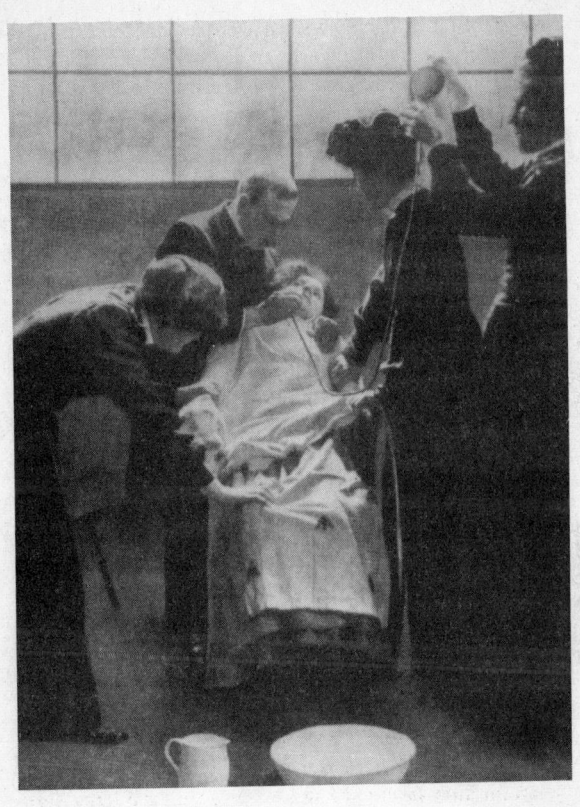

Zwangsernährung einer britischen Suffragette, 1912
(Mary Evans Picture Library)

Gynophagie

Wenn ein Mann den Mund so voll Essen hat, daß er am Essen gehindert wird und folglich in Gefahr ist zu verhungern, bedeutet dann, ihm Essen zu geben, daß man ihm noch mehr in den Mund stopft, oder bedeutet es nicht vielmehr, daß man ihm einiges wegnimmt, so daß er anfangen kann zu essen? Und ebenso, wenn ein Mann über viel Wissen verfügt, dieses Wissen aber wenig oder gar keine Bedeutung für ihn hat, besteht dann eine rationale Kommunikation darin, daß man ihm noch mehr Wissen gibt, auch wenn er noch so lautstark darauf beharrt, daß das genau das ist, was er braucht, oder nicht vielmehr darin, daß man ihm etwas davon wegnimmt?

Sören Kierkegaard, *Abschließendes Unwissenschaftliches Postscriptum*

Kierkegaard sieht Wissen als das intellektuelle Äquivalent des Essens an; das bedeutet aber nicht, daß Gefräßigkeit uns weise macht. Denn Kierkegaard betont, daß zu viel Wissen genauso gefährlich ist wie zu wenig und daß ein Mensch durch ein Übermaß an geistiger Nahrung genauso ausgehungert werden kann wie durch einen Mangel an ihr. Der Intellekt kann, wenn er mit Fakten vollgestopft wird, das, was er verschlingt, nicht mehr verarbeiten, und so kann man sich auf der Suche nach Weisheit – oder kognitiver Verdauung – eine Magenverstimmung zuziehen, statt die Nährstoffe in sich aufzunehmen.

Kierkegaard ist nur einer von vielen Denkern, die die Erkenntnis in Beziehung zur Verdauung setzen: die Analogie zwischen den beiden Vorgängen ist fester Bestandteil westlichen Gedankenguts. Sie ist sogar in unserer Sprache tief verwurzelt. Etwas »wiederkäuen«, zum Beispiel, bedeutet auch, einen Gedankengang noch einmal – laut – durchzudenken; wir sagen, daß wir an einem Problem »knabbern«, daß wir ein Buch »verschlingen«, sprechen von »geistiger Nahrung« und von »unersättlichem Lesen«. Aber der *Locus classicus* der Analogie ist die Schöpfungsgeschichte: der erste Akt menschlichen – oder genauer weiblichen – Ungehorsams bestand darin, den Apfel vom Baum der Erkenntnis zu essen. Ein Grund dafür, daß die mystisch-anorektische Simone Weil beschloß, sich zu Tode zu hungern, war ihre Ansicht, daß die menschliche Rasse wegen der weiblichen Gier verdammt war – und deswegen vielleicht durch weibliche Abstinenz gerettet werden könnte. Aber wenn das Essen einen auf den Weg zur Erkenntnis bringt, wie die Schöpfungsgeschichte meint, deutet dann Anorexie nicht möglicherweise auf eine *Flucht vor dem Wissen* hin, die sich als Flucht vor dem Essen tarnt? Wenn das so ist, dann verbirgt sich in der Qual des Hungerns eine Gier danach, zum Zustand des Unwissens vor dem Sündenfall zurückzukehren und Zutritt ins Reich des Unbenennbaren zu erlangen.

Essen wird von den ersten Lebensmonaten eines Menschen an mit dem Erlangen von Wissen gleichgesetzt, von dem Zeitpunkt an nämlich, zu dem das Kleinkind beginnt, Objekte der Außenwelt kennenzulernen, indem es sie in den Mund steckt und ihr Anderssein damit gleichzeitig schmeckt und überwindet.[1] Für das Kleinkind ist

das Reale Nahrung – und Nahrung das Reale. Auch Erwachsene klammern sich jedoch an dieser Illusion fest, vor allem die Epistemologen, die gewohnheitsmäßig den Intellekt als einen Allesverschlinger betrachten und die Welt als ein ihm bereitetes opulentes Opfermahl. Während die Metaphysik bemüht ist, in das Ding an sich einzudringen, das noch nicht durch Denkprozesse gargekocht worden ist, widmet die Epistemologie – die Erforschung des Wesens und der Grundlagen des Wissens – ihre Aufmerksamkeit der Art und Weise, wie der Geist sich die Außenwelt einverleibt und sie verdaut.

Hegel, Feuerbach, Marx und Freud stehen in dieser Tradition und sie stimmen trotz aller unterschiedlichen Ansichten darin überein, daß das Essen der Ursprung aller Subjektivität ist. Denn indem es sich die äußere Welt einverleibt, schafft sich das Subjekt seinen eigenen Körper, das heißt, es unterscheidet sein Inneres vom umgebenden Äußeren. Wenn die Existenz des Subjekts auf einem Verspeisen gründet, bedeutet das jedoch auch, daß es ständig gefährdet ist; denn die Notwendigkeit, sich die äußere Welt einzuverleiben, deckt seine grundlegende Unvollständigkeit auf. Feuerbach ist der Meinung, »daß wir nichts zu eigen haben, daß wir als reine Lumpen und Kommunisten auf die Welt kommen, daß gar nichts in uns ist, was nicht auch außer uns existiert«. Da wir lediglich aus »Sauerstoff, Stickstoff, Kohlenstoff und Wasserstoff [...] zusammengeflickt sind«, »pumpen« wir »alles von außen« in uns hinein.[2] Keats setzt sich 1819 in einem Brief an Richard Woodhouse mit diesem Dilemma auseinander. »Man ist nichts«, klagt er. »Vielleicht esse ich, um mich selbst davon zu überzeugen, daß ich jemand bin.«[3] Aber der Haken ist eben, daß die Notwendigkeit

zu essen das »Nichts« im Innern des Subjekts freilegt. Eine weitere Gefahr für das Ego, die Freud erforscht hat, liegt darin begründet, daß es von innen her, von eben den Objekten, die es zu verschlingen sucht, aufgefressen werden kann. In solch einem Fall scheint Hungern das einzige Mittel darzustellen, die Eigenständigkeit des Ich vor der Eroberung durch das Andere in Form von Nahrung zu retten. Tatsächlich sind Nahrungsaufnahme und Hungern nicht so konträre Handlungen, wie es scheinen mag, denn beiden ist es beschieden, das Selbst, dessen Identität sie bestätigen sollen, gleichzeitig auszulöschen.

In Hegels *Phänomenologie des Geistes* nimmt die Welt die Gestalt eines großen Restaurants an, in dem das Subjekt die sinnliche Realität der Objekte negiert, indem es sie in sein Bewußtsein schlingt. Tatsächlich existiert das Objekt überhaupt nicht unabhängig von dem Geist, von dem es konsumiert wird. Hegel zufolge sollten sich jene fehlgeleiteten Philosophen, die an die autonome Existenz von äußeren Dingen glauben, von den Tieren etwas beibringen lassen, denn »sie bleiben nicht vor den sinnlichen Dingen als an sich seienden stehen, sondern verzweifelnd an dieser Realität und in der völligen Gewißheit ihrer Nichtigkeit langen sie ohne weiteres zu und zehren sie auf.«[4]
Tiere sind in dieser Hinsicht klüger als Philosophen, weil sie, anstatt Argumente für die Realität an sich von Objekten vorzubringen, diese Illusion sofort als solche entlarven, indem sie die Objekte verschlingen. Sinnliche Gewißheit, oder der Glaube, daß das Objekt unabhängig vom Subjekt ist, ist die Anorexie der Philosophen, eine Weigerung, die Welt mit dem Verstand zu verzehren. Der

Geist auf der anderen Seite bleibt nicht bei dem »bloßen Auffassen der Außendinge durch Gesicht und Gehör [...] stehen, er macht sie für sein Inneres, das zunächst selbst noch wieder in Form der Sinnlichkeit sich in den Dingen zu realisieren getrieben ist und sich zu ihnen als *Begierde* verhält.« In diesem Verdauungssystem verleibt sich der Geist das Objekt ein und wandelt es in Stoff zum Nachdenken um, aber dann scheidet er das Objekt wieder aus und verleiht ihm wieder eine sinnliche Existenz. Denn der Mensch »erhält sich« in den Objekten, »indem er sie gebraucht, verzehrt und durch ihre Aufopferung seine Selbstbefriedigung betätigt«. Die Welt wird also dem Geist »geopfert«, genau wie ein Totemtier von seinem Stamm geopfert wird, damit seine positiven Eigenschaften von denen, die es verzehren, aufgenommen werden können.

Das Problem liegt darin, daß der Geist das Objekt auslöschen muß, um es verschlingen zu können. Er kann es dem Objekt nicht erlauben, ungebunden zu existieren, denn sein »Trieb drängt eben dahin, diese Selbständigkeit und Freiheit der Außendinge aufzuheben und zu zeigen, daß dieselben nur da seien, um zerstört und verbraucht zu werden«. Unglücklicherweise ist der Geist dadurch, daß er dem Objekt die Freiheit abspricht, dazu verurteilt, seine eigene zu verlieren, da seine Begierde »wesentlich durch die Dinge bestimmt und auf sie bezogen« bleibt. Unter der Oberherrschaft der Begierde wird der Geist folglich zum Sklaven seines eigenen Appetits, ein zwanghafter Fresser, der die Objektwelt in sich hineinschlemmt. Nur der Bereich des Ästhetischen kann eine Alternative zu dieser freßsüchtigen Art der Aneignung von Realität und zu ihrem anorektischen Pendant bieten.

Denn lediglich im Reich der Kunst wird der Mensch gesättigt, wenn er das Objekt betrachtet, ohne es zu verschlingen. »In solchem Verhältnis nun der Begierde steht der Mensch zum Kunstwerk nicht. Er läßt es als Gegenstand frei für sich existieren und bezieht sich begierdelos darauf, als auf ein Objekt, das nur für die theoretische Seite des Geistes ist.«[5] Während die Begierde das Objekt eben dadurch verliert, daß sie es in Besitz nimmt, gelingt der ästhetischen Kontemplation beides zugleich: sie macht sich das Kunstwerk zu eigen, ohne es jedoch zu negieren, zu fesseln, zu besitzen, zu verzehren.

Während Hegel das Bild des Essens verwendet, um die Negation des Objektes durch den Geist zu veranschaulichen, setzt Marx dasselbe Bild ein, um Hegel auf den Kopf zu stellen – was sehr beschwerlich für das Hegelsche Verdauungssystem sein muß. Tatsächlich sind die Unterschiede zwischen ihren politischen Anschauungen in nuce in ihren Essensmetaphern enthalten. Marx beschwert sich, daß Hegel die Realität jeder »Unabhängigkeit« beraubt, indem er sie zum Futter für den menschlichen Verstand reduziert. Marx argumentiert, daß im Gegenteil jeder Mensch Objekte schafft oder errichtet, weil er von Objekten geschaffen wird, er also »*sinnliche Gegenstände* zum Gegenstand seines Wesens [...] hat«. Wie er in der »Kritik der Hegelschen Dialektik und Philosophie überhaupt« weiter ausführt: »Der *Hunger* ist ein natürliches *Bedürfnis*; er bedarf also einer *Natur* außer sich, eines *Gegenstandes* außer sich, um sich zu befriedigen, um sich zu stillen. Der Hunger ist das gestandne Bedürfnis meines Leibes nach einem außer ihm seienden, zu seiner Integrierung und Wesensäußerung unentbehrlichen *Gegenstande*.«[6] Marx beharrt also darauf, daß das

Subjekt von eben den Dingen, die es konsumiert, konstituiert wird: du bist, was du zu dir nimmst. »*Der Mensch ist was er ißt*«, lautet denn auch ein Wortspiel Feuerbachs.[7] Es ist bezeichnend, daß Hegel dazu neigt, von »Appetit« zu sprechen, wo Marx von »Hunger« sprechen würde, Hegel den Ausdruck »Begierde« verwendet, wo Marx das Wort »Notwendigkeit« verwenden würde. Diese terminologischen Unterschiede lassen die Vermutung aufkommen, daß das Bewußtsein in Hegels Universum besser genährt ist; vielleicht verspürt es manchmal ein bißchen Hunger, aber wirklich ausgehungert ist es nie. In Marx' Welt braucht es einen leeren Magen, um zu erkennen, daß das Bewußtsein »nicht allein« ist und sich selbst nicht genügt, sondern einer »anderen Realität« bedarf, um seine eigene zu vervollständigen. Die Weisheit des Hungerns ist das Wissen, daß diese andere Realität – die des Objekts – nie annulliert werden kann, weil es den Kern dessen ausmacht, was wir das Selbst nennen. Marx und Hegel mögen recht haben, wenn sie postulieren, daß Essen wesentlich für die »Integration« des Selbst ist, aber dies trifft nur zu, wenn die Nahrung freiwillig aufgenommen wird. Zwangsernährung hingegen zerstört das Ego, wie Sylvia Pankhurst in ihrer Lebensgeschichte aufdeckt. In ihrer 1931 erschienenen Geschichte der Suffragetten-Bewegung *The Suffragette Movement* beschreibt sie Zwangsernährung als eine Art von oraler Notzucht, die dem Selbst in seinem Kern Gewalt antut:

> Sie warfen mich auf das Bett, so daß ich auf dem Rücken lag, und drückten meine Schultern, Handgelenke, Knie und Fußgelenke fest herunter. Dann stahlen sich die Ärzte herein. Jemand packte mei-

nen Kopf und preßte mir ein Tuch unter das Kinn. Meine Augen waren geschlossen. Ich biß die Zähne aufeinander und zog meine Lippen mit aller Kraft über ihnen zusammen. Die Hände eines Mannes versuchten, meinen Mund zu öffnen; mein Atem ging so schnell, daß ich das Gefühl hatte, ersticken zu müssen. Seine Finger strengten sich an, meine Lippen auseinanderzuziehen – und drangen in mich ein. Ich fühlte, wie sie und ein stählernes Instrument meine Zahnreihen abtasteten und nach Lücken suchten. Ich versuchte, meinen Kopf mit einem Ruck zu befreien und wegzuziehen. Zwei von ihnen hielten ihn fest, zwei andere zerrten an meinem Mund herum. Ich keuchte, mein Atem ging stoßweise, schneller und schneller, bis er sich wie ein leises Schreien anhörte, das ständig lauter wurde. »Hier ist eine Lücke«, sagte einer von ihnen. »Nein, hier ist eine noch bessere. Diese große Lücke hier!« Ein Stahlinstrument preßte sich gegen mein Zahnfleisch, schnitt in es hinein. Ich mobilisierte alle meine Kräfte, um dem furchtbaren Schmerz standzuhalten. »Nein, damit geht es nicht« – wieder diese Stimme. »Geben Sie mir das spitze da!« Ein scharfes, unerträglich schmerzhaftes Stechen. Ich wand meinen Kopf frei [...]. Dann zwang irgend etwas langsam meine Kiefer auseinander, während an einer Schraube gedreht wurde; es schmerzte so, wie wenn man einen Zahn gezogen bekommt. Sie versuchten, den Schlauch in meinen Schlund einzuführen, ich kämpfte wie wild, um meine Muskeln anzuspannen und meine Kehle zusammenzuziehen. Sie bekamen ihn hin-

unter, nehme ich an, obwohl mir überhaupt nichts
außer meiner wilden Gegenwehr ins Bewußtsein
drang, denn schließlich sagten sie: »Das wärs's!«,
und ich erbrach mich, als der Schlauch wieder her-
ausgezogen wurde. Sie ließen mich auf dem Bett
liegen, erschöpft, nach Atem ringend und von
krampfhaftem Schluchzen geschüttelt.[8]

Bei der Zwangsernährung wird der von Hegel beschrie-
bene Prozeß der Nutzbarmachung von Nahrung umgekehrt, denn es ist nicht mehr das Subjekt, das das Objekt
verzehrt, sondern das Objekt erobert das Subjekt und
zerstört sein »Wesen«. Im weiteren Verlauf ihres Berichts deutet Sylvia Pankhurst an, daß sie selbst von dem
Essen verzehrt wird, das man sie herunterzuschlucken
zwingt, denn ihre Subjektivität zerbröckelt, als ob sie
zerkaut worden wäre. »Manchmal, wenn mein Abwehr-
kampf vorüber war oder sogar, während er noch tobte,
durchzuckte mich das Gefühl, daß mein Wesen in mehrere ›Selbste‹ zerbrochen worden wäre [...], die voller
Wildheit in mir hochstiegen«, erinnert sie sich. »Manchmal kamen, wie es schien, aus den Tiefen meines Wesens
empörte, gemarterte Selbste hervorgebrochen; ich hörte
mich schreien: ›Nein, nein, nein, nein, ich will das nicht
länger über mich ergehen lassen. Ich will das nicht länger über mich ergehen lassen.‹ Ich wußte nicht, und es
war mir auch gleichgültig, ob ich diese Stimme zum
Schweigen bringen könnte, wenn ich mich darum
bemühte. Ich hörte sie, als ob sie ein von mir losgelöstes
Etwas wäre.« Hier scheint das Subjekt wieder den Status
eines Objekts anzunehmen: die Pankhurst hört ihre
Stimme, als ob sie ein »losgelöstes *Etwas*« wäre, dessen

Protestschreie von dem Getöse, das die voneinander abgetrennten Selbste machen, erstickt werden. In dieser verzweifelten Situation stellt die Suffragette ihr Bewußtsein, eine eigene Identität zu besitzen, nicht wieder her, indem sie ißt, sondern indem sie ihr Essen erbricht. »*Um mich selbst wieder zu sammeln*«, schreibt sie, »mühte ich mich ab, bis ich das wieder von mir gegeben hatte, was in mich hineingezwungen worden war.«[9] Und was in sie hineingezwungen worden war, war nicht nur Nahrung, sondern die Ideologie und sogar die Identität ihrer Unterdrücker. Unter deren Folterungen ist Hungern statt Nahrungsaufnahme das letzte verfügbare Mittel geworden, mit dem man sich Authentizität verschaffen kann.

Djuna Barnes entschied sich tatsächlich dafür, sich einer Zwangsernährung zu unterziehen, um nachvollziehen zu können, welche Qualen ihre »englischen Schwestern« hatten aushalten müssen. Zu ihrem Entsetzen erwies sich dieses »So-tun-als-ob« als genau so vernichtend wie die echte Greueltat. In ihrem Bericht über ihre Leiden erinnert sie sich daran, daß ihr ganzes Ich »vor wütender Empörung gegen die brutale Usurpation meiner eigenen Körperfunktionen entflammt war«; in dieser Extremsituation konnte sie ihre Autonomie nur bewahren, indem sie die Nahrung wieder hervorwürgte. Zuerst beschreibt sie, wie die Ärzte den Tisch, auf dem sie gefüttert werden sollte, vorbereiteten, als ob sie selbst das Festmahl sei, das man verschlingen würde. »Sie brachten mich in einen großen Raum. Ein Tisch ragte vor mir auf; ich fühlte, daß er mit zukünftigen Schmerzen schwanger ging – es war der Tisch, auf den ich mich würde legen müssen. Der Arzt öffnete seine Tasche, nahm einen schweren, weißen

Kittel heraus, eine kleine weiße Mütze, ein Laken und legte alles auf den Tisch.« Während die Pankhurst Zwangsernährung als orale Vergewaltigung ansieht, beschreibt die Barnes es als die monströse Umkehrung einer Geburt; denn der Tisch, ›schwanger mit Schmerzen‹, ist gleichzeitig ein Eßtisch und ein Entbindungstisch. Aber es ist sie selbst, die wiedergeboren scheint, nachdem sie etwas durchlaufen hat, das sie als Ritus der Initiation in die Weiblichkeit betrachtet. »Es war vorbei. Ich stand auf und schwankte im wiederkehrenden Licht. Ich hatte die größte Erfahrung, die die Tapfersten meines Geschlechtes gemacht hatten, geteilt.«[10] Die Implikation ist verheerend: Frau zu werden, bedeutet von Männern zwangsweise gefüttert zu werden.

Eine andere Suffragette, die eine Zwangsernährung inszenierte, war Lady Constance Lytton, die sich dem brutalen Ritual im Frauengefängnis Holloway unterzog; verkleidet und unter dem Namen einer Arbeiterin, »Jane Warton«. Die schlimmste Schmach wurde ihr am Ende der qualvollen Prozedur angetan, als nämlich der Arzt, der ihr die Nahrung eingeflößt hatte, sie mit einer Ohrfeige entließ. »Zunächst kam es mir als eine derart verachtenswerte Handlung vor, daß ich innerlich nur lachen konnte«, erinnert sich Lady Lytton. »Dann sah ich plötzlich Jane Warton vor mir liegen, und es war, als ob ich aus ihr herausgeschlüpft sei. Sie war die verachtetste, unwissendste und hilfloseste Gefangene, die ich jemals gesehen hatte. Wenn sie nach Abbüßung ihrer Strafe wieder aus dem Gefängnis entlassen sein würde, würde keiner ein Wort von dem glauben, was sie erzählte, und der Arzt hatte ihr, nachdem er sie zwangsernährt und ihren Körper gemartert hatte, auf die Wange geschlagen, um ihr zu zei-

gen, wie sehr er sie verachtete! Das war Jane Warton, und ich war gekommen, um ihr zu helfen.«[11]

Es ist sehr merkwürdig, daß sowohl Djuna Barnes als auch Lady Lytton das Gefühl haben, sie könnten an der Sache der Frauen nur teilhaben, wenn sie »den größten Prozeß« gegen ihr Geschlecht nachspielen. Es genügt nicht zu *wissen*, welches Unrecht den Frauen angetan wird; man muß sich der Wunden reißenden Inszenierung unterziehen, bei der Aufführung einer Vergewaltigung mitwirken, in der die Erniedrigungen, die die Frauen jahrhundertelang haben erleiden müssen, konkrete Gestalt annehmen. Trotzdem kann man nur schwer den Verdacht unterdrücken, mag dieser auch noch so unwillkommen sein, daß diese Frauen einem unbewußten *Wunsch* gehorchen, sich zwangsweise ernähren zu lassen und die Zerstörung der Subjektivität, die das mit sich bringt, zu erfahren. Was die beiden Episoden so entsetzlich macht, ist, daß sie ein Trauma zu neuem Leben erwecken, an dem wir alle leiden. Wir alle haben Essen zuerst als ein zwangsweises Ernährtwerden erfahren; als kleine Kinder wurden wir von anderen gefüttert, und durch die Nahrung, die sie uns in den Mund stopften, wurden wir vergewaltigt. Wir essen daher, um uns für diesen Mißbrauch zu rächen, den wir in der allerersten Zeit unseres Lebens über uns ergehen lassen mußten. Der zwanghafte Esser, der sich von der Nahrung angegriffen fühlt, versteht die wahre Bedeutung des Essens besser als der Gourmand, der meint, daß er aus eigenem Willensentscheid ißt, oder der Asket, der glaubt, daß er dem Gebot zu essen widerstehen kann. *Alles Essen ist Zwangsernährung*, und durch die Wunde, die durch das Gefüttertwerden entsteht, erhält das An-

dere Zugang und kann sich im Zentrum unseres Selbst einrichten.
Wenn man diesen Prozeß in allen Einzelheiten verstehen will, lohnt es sich der Psychoanalyse zuzuwenden. Denn Freud ist, obwohl seine Aufmerksamkeit augenscheinlich vor allem der Sexualität gilt, zutiefst mit dem Problem der Nahrungsaufnahme befaßt, weil der Essensakt die primäre Verletzung des Ego darstellt. Man könnte sogar behaupten, daß dieses Problem von Freud verdrängt wird, und daß er seine umfangreiche Enzyklopädie sexueller Störungen nur zusammentrug, um sich nicht der alltäglichen Katastrophe des Essens widmen zu müssen.

Einer weitverbreiteten irrigen Ansicht zufolge ist Hunger ein primitiver urtümlicher Instinkt und unterscheidet sich damit vom Sexualtrieb, bei dem es sich um ein kulturelles Konstrukt handelt. Dieser Argumentation zufolge markiert der Übergang vom Hunger zur Sexualität, von der Brust als Nährquelle zur Brust als erotischem Objekt, den Triumph der Kultur über die Natur. Sexualität gehört dem Reich der Symbole an, Hunger der Wildnis der Körperlichkeit. Und während Sexualität in Sprache geboren wird, erschöpft sich Hunger in wortlosen Schreien. Aber die Tatsache, daß Hunger unsere Existenz bedroht, während eine zölibatäre Lebensweise sie uns lediglich verbittert, bedeutet nicht, daß Hunger natürlicher ist als Sex und ein geringerer Indikator für Kultur. In Freuds Werk ist das Verhältnis dieser beiden Arten von Appetit zueinander wesentlich komplizierter.
Freuds klassische Analyse dieses Verhältnisses ist in seinen *Drei Abhandlungen zur Sexualtheorie* von 1905 enthalten. In ihnen legt er dar, daß sexuelle Begierde ihren

Ursprung in der Befriedigung des Nahrungsdranges hat und vor allem im Genuß der mütterlichen Brust. »Wer ein Kind gesättigt von der Brust zurücksinken sieht, mit geröteten Wangen und seligem Lächeln in Schlaf verfallen, der wird sich sagen müssen, daß dieses Bild auch für den Ausdruck der sexuellen Befriedigung im späteren Leben maßgeblich bleibt« (GW V,82). Bemerkenswert ist, daß Freud sagt, das »Bild« bleibe erhalten und nicht die Erfahrung selbst: der Ausdruck impliziert, daß das Objekt der Begierde die *Szene* ist und nicht das Gefühl des Gesättigtseins. Es setzt ein anfangs kaum wahrzunehmender Trennungsvorgang ein zwischen der Milch, die das Objekt des Bedürfnisses ist, und der Brust, die das Objekt der Begierde ist. Wie Jean Laplanche festgestellt hat, »stützt sich« sexuelle Begierde auf die Erfahrung des Saugens, sie löst diese Erfahrung aber auch auf, weil sie aus dem »Bild« und nicht aus dem Akt der Nahrungsaufnahme einen Fetisch macht.[12] Diese Ersetzung bedeutet, daß die visuellen Reize schließlich an die Stelle der ursprünglichen körperlichen Befriedigung treten.

Diese Ätiologie bedeutet, daß der Sexualtrieb kein eigenes Objekt besitzt, sondern nur eins, das er aus dem Gebiet des Hungers borgt: die Mutterbrust. Mehr noch, Freud weist darauf hin, daß dieses erste Objekt wieder »verloren«gehen muß, wenn die Sexualität die Oberhand gewinnen soll; er schreibt:

> Als die anfänglichste Sexualbefriedigung noch mit der Nahrungsaufnahme verbunden war, hatte der Sexualtrieb ein Sexualobjekt außerhalb des eigenen Körpers in der Mutterbrust. Er verlor es nur später, vielleicht gerade zu der Zeit, als es dem Kinde

möglich wurde, die Gesamtvorstellung der Person, welcher das ihm Befriedigung spendende Organ angehörte, zu bilden. Der Geschlechtstrieb wird dann in der Regel autoerotisch, und erst nach Überwindung der Latenzzeit stellt sich das ursprüngliche Verhältnis wieder her. Nicht ohne guten Grund ist das Saugen des Kindes an der Brust der Mutter vorbildlich für jede Liebesbeziehung geworden. Die Objektfindung ist eigentlich eine Wiederfindung. (GW V,123)

Das Kind, dessen Sexualität an der Brust erweckt worden ist, ist also gezwungen, dieses Objekt aufzugeben, das nur Teil eines Ganzen ist, wenn es das Ganze erfassen kann; wie Freud es ausdrückt: »[Der Sexualtrieb] verlor [die Brust] nur später, vielleicht gerade zur Zeit, als es dem Kinde möglich wurde, die Gesamtvorstellung der Person, welcher das ihm Befriedigung spendende Organ angehörte, zu bilden.« Wenn das Kind dieses primäre Objekt einmal eingebüßt hat, haben alle zukünftigen Genüsse Ersatzcharakter: denn für Freud besteht – wie für Lacan – Sexualität in der Suche nach metaphorischen Alternativen für verlorene Glückseligkeiten. Wenn »die Objektfindung [...] eigentlich eine Wiederfindung« ist, wie Freud voller Trauer feststellt, kann das, was gefunden wird, nie dasjenige sein, das man aufgegeben hat. In diesem Fall ist das wiederzuentdeckende Objekt nicht die Milch, sondern die »Brust als ihr Symbol«, ihr halluzinatorisches Pendant.

Nachdem es entwöhnt worden ist, wendet sich das Kind auf der Suche nach einem Ersatz seinem eigenen Körper zu, es saugt beispielsweise, da ihm die Brustwarze entzo-

gen ist, an seinem Daumen. Dieser Akt bezeichnet sein Eintreten in die autoerotische Phase; in diesem Stadium löst sich das Lustgefühl, das das Saugen hervorruft, von dem Bedürfnis nach Nahrung ab und wird zu einem eigenständigen Sexualziel. Was diese Substitution möglich macht, ist die Tatsache, daß die Brust nicht nur den Durst des Säuglings stillt, sondern auch auf die Lippen und die Zunge einen Reiz ausübt und sie so auf sexuelle Verzückung vorbereitet. Wie Melanie Klein ausgeführt hat:

> Die erste Befriedigung, die das Kind von der äußeren Welt empfängt, ist die, die es verspürt, wenn es gestillt wird. Analysen haben gezeigt, daß nur ein Teil dieser Befriedigung der Beseitigung des Hungergefühls entwächst und daß ein anderer, nicht weniger wichtiger Teil, aus der Lust entsteht, die das Kleinkind verspürt, wenn sein Mund durch das Saugen an der Mutterbrust stimuliert wird. Diese Befriedigung ist wesentlicher Teil der kindlichen Sexualität und sogar ihr erster Ausdruck. Lust wird auch empfunden, wenn der Strom warmer Milch die Kehle hinunterrinnt und den Magen füllt.[13]

Freud zufolge lassen die Erinnerungen an diese orale Befriedigung Spuren an Lippen und Zunge zurück und machen den Mund damit zu einer »erogenen Zone«. Andere solche Zonen sind der Anus und die Genitalien, die wie der Mund ursprünglich zur Verdauung von Nahrung, später aber als »Stützen« der Sexualität dienen. Diese Öffnungen geben dem Kind nicht nur Lustgefühle, sondern erinnern es auch an die Fürsorge der Mutter, mit der diese ihre Begierde auf seinem Körper eingezeichnet hat.

Als Zonen, denen solche Fürsorge zuteil wurde, stellen sie auch Orte des Austausches dar; die primäre Form eines solchen Austausches ist das Darreichen von Nahrung, das damit prototypisch für spätere Formen fleischlichen und sprachlichen Verkehrs mit anderen wird. Jean Laplanche hat diese Zonen »Bruchstellen im Umschlag des Körpers« genannt. Weil sie »die ersten erotogenetischen Manöver des Erwachsenen« auf sich lenken, »werden sie zu *Brennpunkten elterlicher* und vor allem *mütterlicher Phantasien*«: sie sind »die Stellen, durch die *in das Kind jene fremde interne Entität,* genaugenommen *die sexuelle* Erregung, eingeführt wird«.[14] Das heißt, sie sind die Öffnungen, durch die hindurch die Begierde eines anderen in das eigene Selbst hineingeschrieben, gleichsam ein fremder Brief in den erbrochenen »Umschlag« des eigenen Körpers hineingeschoben wird, um Lacans Metaphorik zu benutzen. Dieser Theorie zufolge gehört dem Kind seine Sexualität nicht wirklich, weil sie eine »fremde interne Entität« ist, die auf die Begierde der Mutter zurückgeht und die Erinnerung an die Sinnesreize, die es empfand, als die Mutter die dunklen Höhlungen seines Körpers berührte. Selbst wenn das Kind seinen eigenen Körper als erotisches Objekt benutzt, empfindet es in Wirklichkeit die Begierde nach, die der andere nach ihm hat, denn seine Nervenbahnen sind von fremden Mächten okkupiert.

Da die Sexualität ihren Ursprung im Essen hat, wird sie immer in Bilder gefaßt, die aus dem Bereich der Nahrungsaufnahme stammen: sie besitzt kein eigenes Objekt und kein eigenes Territorium. Doch geht das Essen seinerseits über die biologische Notwendigkeit der

Ernährung hinaus, denn in ihm kommt das Verlangen zum Ausdruck, das Objekt uneingeschränkt zu besitzen. Das Kind sieht seinen Magen als einen Safe an, in welchem es seine Beute hortet und lernt so erstmals Privatbesitz kennen. Auch die Fähigkeit oder Neigung, etwas »geheimzuhalten«, kann auf das Essen zurückgeführt werden; denn der beste Weg, etwas »für sich zu behalten« ist, das Beweismaterial aufzuessen. Der Magen ist ein fast ebenso verschwiegener Ort wie das Grab.[15]

Am wichtigsten jedoch ist, daß das Kind sich durch das Essen seinen eigenen Körper schafft, indem es sein Inneres von seinem Äußeren unterscheidet. Freud analysiert diesen Prozeß in einem entscheidenden Absatz seines Essays »Die Verneinung« (1925):

> Die Urteilsfunktion hat im wesentlichen zwei Entscheidungen zu treffen. Sie soll einem Ding eine Eigenschaft zu- oder absprechen, und sie soll einer Vorstellung die Existenz in der Realität zugestehen oder bestreiten. Die Eigenschaft, über die entschieden werden soll, könnte ursprünglich gut oder schlecht, nützlich oder schädlich gewesen sein. In der Sprache der ältesten, oralen Triebregungen ausgedrückt: das will ich essen oder will es ausspucken, und in weitergehender Übertragung: das will ich in mich einführen und das aus mir ausschließen. Also: es soll in mir oder außer mir sein. Das ursprüngliche Lust-Ich will [...] alles Gute sich introjizieren, alles Schlechte von sich werfen. Das Schlechte, das dem Ich Fremde, das Außenbefindliche, ist ihm zunächst identisch. (GW XIV,13)

Die Vorstellung von »Innenbefindlichkeit« ist von Anfang an mit Nahrungsaufnahme verbunden und die von »Außenbefindlichkeit« mit Anorexie, das heißt mit dem Gefühl: »Ich würde das gerne aus mir heraushalten.« Das Ego etabliert sich, indem es das ausschließt, was nicht es selbst ist, und indem es das schluckt, was es zu werden bemüht ist. Das bedeutet aber, daß das Ego seine prekäre Existenz nur aufrechterhalten kann, indem es sich selbst ständig säubert. Wie Julia Kristeva es darstellt: »Ich weise mich selbst aus, speie mich selbst aus, erniedrige mich selbst in demselben Vorgang, in dem ›Ich‹ mich selbst zu schaffen behaupte.«[16] Das »Ich« ist überdies aus den Überbleibseln all der anderen Selbste zusammengesetzt, die es verschlungen hat. Freud meint, daß das Ego durch die Identifikation mit einem anderen Wesen geboren wird, und daß dieser Prozeß der Identifikation seine Ursprünge im Kannibalismus hat. Er schreibt: »Eine erste [...] prägenitale Sexualorganisation ist die orale oder, wenn wir wollen, kannibalische. [...] das Sexualziel besteht in der Einverleibung des Objekts, dem Vorbild dessen, was später als Identifizierung eine so bedeutsame psychische Rolle spielen wird« (GW V,98). Aus diesem Grund ist Identifizierung »von Anfang an ambivalent«, da das Essen das Objekt nur auf Kosten seiner Zerstörung erhalten kann. Wie Freud es formuliert: »[...] das begehrte und geschätzte Objekt« wird durch Essen einverleibt und dabei ›vernichtet‹.[17] Mit dieser Schlußfolgerung verleibt sich Freud selbst in kannibalischer Manier Hegel ein, der darlegt, daß der Geist gezwungen ist, das Objekt auszulöschen, um es durch Verzehr in sich aufnehmen zu können.

Es ist jedoch Melanie Klein, die die umfassendste psy-

chologische Theorie der Nahrungsaufnahme liefert, denn ihre Phantasie scheint geradezu von der Vorstellung des Kannibalismus verzehrt zu werden. Sie vertritt die Ansicht, daß das Kind alle Objekte seiner äußeren Welt verschlingt, um sie in der Welt seiner Phantasie einbauen zu können. Da es der Mund ist, mit dem es die Milch seiner Mutter aufgesogen hat, nimmt es das imaginäre Festessen vor allem durch diese Öffnung zu sich. Aber sein ganzer Körper, mit allen seinen Sinnen und Funktionen, hat an der Einverleibung des Kosmos teil: es trinkt ihn mit den Augen, verzehrt ihn mit den Ohren und saugt ihn durch die Fingerspitzen ein. Die Spuren dieses infantilen Kannibalismus kommen in unserer Sprache wieder zutage; das Objekt der Begierde zum Beispiel wird gemeinhin als »appetitlich«, »köstlich« oder »süß« beschrieben, oder man sagt sogar, daß man es »zum Fressen gern« hat, wodurch Freuds Ansicht bestätigt wird, daß der Kannibale keine Menschen verschlingt, »die er nicht irgendwie liebhaben kann«.[18] Redensarten wie »seine Augen sind größer als sein Magen« oder »er verschlang sie mit seinen Augen« belegen, daß der Trieb zu sehen menschenfresserische Grundlagen hat. Durch diesen Prozeß der Einverleibung konstruiert sich das Kind eine »innere Welt« in seinem Unbewußten, die sich aus ›Doubles‹ der Objekte zusammensetzt, die außerhalb seines Geistes existieren. Melanie Klein schreibt: »Nachdem sich das Kind seine Eltern einverleibt hat, empfindet es sie als lebende Personen in seinem Körper, in der konkreten Weise, in der tiefe unbewußte Phantasien erfahren werden – sie sind, in seiner Vorstellung, ›interne‹ oder ›innere‹ Objekte, wie ich sie genannt habe. So wird im Unbewußten des Kindes eine innere Welt aufgebaut, die mit seinen wirklichen Er-

fahrungen und den Eindrücken, die es von Menschen und von der äußeren Welt empfängt, korrespondiert, aber durch seine eigenen Phantasien und Impulse abgeändert wird.«[19] Diese Theorie geht auf Freuds Ausführungen über das Trauern zurück, in denen er darlegt, daß das Ego sich die Objekte, die es betrauert einverleibt, um ihren Verlust oder ihr Nicht-mehr-Dasein negieren zu können. Wenn sie einmal verschlungen worden sind, fallen jedoch diese Objekte wie ein Vampir über das Ego her, bis es völlig ausgelaugt ist. Das Problem besteht also nicht darin, daß sie zerstört worden sind, sondern daß sie nie ›tot genug sind‹, weil sie an dem lebenden Ego zehren wie ausgehungerte Gespenster der Unterwelt. Ähnlich vertritt M. Klein die Ansicht, daß die Objekte des Kindes in den Katakomben des Unbewußten »lebend begraben« sind – wie die lebenden Leichen in den Krypten Edgar Allan Poes. In ihrem mit seinen alten Herrenhäusern, Mauern, unterirdischen Verliesen und Kerkern an die ›Gothic Novel‹, den englischen Schauerroman, erinnernden Phantasiestück suggeriert sie, daß die Vorstellung von Eingeschlossensein auf die Dynamik der Einverleibung zurückgeht. In der Darstellung eines Falls von Klaustrophobie zum Beispiel führt sie aus, daß die Angst ihres Patienten, in einen Käfig eingeschlossen werden zu können, seine tiefere Furcht vor den auf Rache sinnenden Objekten, die in seinem gefräßigen Unbewußten eingekerkert sind, symbolisiert.[20]
Indem sie in diesem Bildbereich bleiben, haben die französischen Psychoanalytiker Nicolas Abraham und Maria Torok das Einverleiben als einen Prozeß der »Kryptisierung« neu beschrieben; durch diesen Prozeß wird das Ego in ein Verlies oder ein Mausoleum verwandelt, in

dem die Opfer seiner eigenen allesverschlingenden Liebe ihr spukhaftes Wesen treiben.[21] Und ähnlich wie Poes Kadaver aus ihren Leichentüchern hervorbersten und die Gebäude zum Einsturz bringen, die eigens errichtet wurden, um sie zu (ver-)bergen, überwältigen diese Phantome schließlich das Ego, in dem sie begraben liegen. Wenn sie, so Freud, zu zahlreich werden, unmäßig mächtig und unvereinbar miteinander, gewinnen diese Objekte »die Oberhand«. Wenn dies geschieht, kann das Ego nicht länger den Anspruch erheben, Herr im eigenen Haus zu sein, denn die Objekte, die es sich einverleibt hat, fressen es aus Haus und Hof hinaus.

Psychoanalytiker, die von Freud und Klein beeinflußt sind, neigen dazu, Anorexie als Abwehr von Kannibalismusphantasien zu deuten. Helmut Thoma zum Beispiel ist der Ansicht, daß seine anorektische Patientin Henrietta A. Nahrung scheute, weil sie orale Befriedigung unbewußt mit Zerstörung assoziierte.[22] Karl Abraham zufolge bedeutet das Zurückweisen von Nahrung in depressiven Zuständen Reue über das ›Desaster‹, das der Kannibalismus in der imaginären Welt angerichtet hat.[23] Durch Hungern versucht die Anorektikerin Buße zu tun, gleichzeitig aber auch die Rache der Objekte, die ihr Ego heruntergeschluckt hat, abzuwehren. Wenn jedes Mahl etwas Eucharistisches an sich hat und die Einverleibung eines verlorenen oder verbotenen Wesens symbolisiert, kommt dem Sich-selbst-Aushungern die Funktion eines Exorzismus zu: es soll die Geister austreiben, die im Friedhof des Ego begraben liegen.[24] Eine solche Interpretation wird von der Anthropologie bestätigt; es gibt Kulturen, in denen es verboten ist, während einer Trauerpe-

riode zu essen, damit nicht der Geist der toten Person zusammen mit der Nahrung in den Körper aufgenommen wird.[25]

Das Kannibalismus-Modell ist jedoch irreführend, wenn man es so versteht, daß es sich bei dem essenden Subjekt und dem zu essenden Objekt um eigenständige, voll ausgebildete Entitäten handelt. Ob nun das Subjekt das Objekt vernichtet oder das Objekt das Subjekt überwältigt, sie bleiben beide in einem endlosen antithetischen Auf und Ab gefangen. Freud beschäftigt sich daher überhaupt nicht mit dem Subjekt oder Objekt als ganzheitlichen Größen, sondern mit den *Teilen*, die zwischen ihnen kursieren. Milch zum Beispiel ist die Währung, die Mutter und Kind in ihrem ersten Austausch, ihrem primären »Handel«, miteinander verbindet. Freud meint, daß andere Objekte später als Äquivalente für Nahrung fungieren. Fäkalien zum Beispiel stellen das »erste Geschenk« des Kindes dar, es tritt diesen Besitz an die Mutter ab, um sich für Ernährung und Liebe erkenntlich zu zeigen.[26] Im Unbewußten werden Fäkalien, Kleinkinder, Geschenke und Geld als »symbolische Entsprechungen« angesehen, weil sie Objekte sind, die dem Subjekt gehören, aber auch von ihm abgetrennt und dem anderen überlassen werden können. Durch diese frei kursierenden Objekte, die Lacan als die »Tausch-Werte« eines Subjekts bezeichnet hat, erforscht das Kind die Grenze, die seinen Körper und dessen Produkte von der interpsychischen Ware anderer trennt.

Die Vorstellung von den »symbolischen Entsprechungen« im Unbewußten liegt einer Erkenntnis Freuds über die Anorexie zugrunde, die in seinem Aufsatz »Über die weibliche Sexualität« von 1931 in einer Nebenbemerkung

zum Ausdruck kommt. Hier zieht er selbst mit einer unvorsichtigen Äußerung seine umstrittene Theorie des Penis-Neides in Zweifel. Nachdem er dargelegt hat, daß Mädchen ihren Müttern Vorwürfe machen, weil sie sie eines Penis beraubt haben, fügt er an: »Nicht ohne Überraschung vernimmt man einen anderen Vorwurf, der etwas weniger weit zurückgreift: die Mutter hat dem Kind zu wenig Milch gegeben, es nicht lange genug genährt.« Freuds Kommentar dazu erschöpft sich in seinem Zweifel, ob überhaupt Nahrung – gleich welcher Menge – die kindliche Libido befriedigen kann: »So groß ist die Gier der kindlichen Libido!« (GW XIV,527) Auf diese Weise weicht er der Frage aus, ob an dieser unersättlichen Form des Hungers zu leiden etwas spezifisch Weibliches ist und sozusagen die Tragödie der Weiblichkeit ausmacht. Er meint jedoch, daß das Mädchen sowohl die Milch als auch den Penis als Geschenke ansieht, über die die Mutter verfügt, und daß es beides als austauschbare Artikel betrachtet und begehrt. Freud ist in dieser Beziehung ein Vorläufer Melanie Kleins, die der Ansicht ist, daß Kinder den Penis eher der Mutter zuschreiben als dem Vater und ihn mit all den anderen verborgenen Objekten, wie Nahrung und Babys, gleichsetzen, die es sie aus dem Körper der Mutter herauszuschneiden verlangt. Es ist nicht das Anliegen der vorliegenden Untersuchung, die Verdienste dieser psychologischen Studien zu beurteilen. Es scheint aber möglich, daß Freud, indem er die Milch zugunsten des Penis unterdrückt und den Hunger in Sexualität überführt hat, genau das außer acht läßt, was das spezifische Problem der Frau und am resistentesten gegen eine phallische Regulierung des Begehrens ist. Es ist nicht nur der Penis, der den Frauen ihrem Gefühl nach fehlt,

sondern die lebenspendende Nahrung. *Weiblichkeit ist Hunger.*
Wenn Nahrung mit all den anderen interpsychischen Tauschobjekten gleichgesetzt wird, kann Nahrung zu verweigern genauso viele verschiedene Dinge bedeuten wie die Nahrung selbst – die umfangreiche Literatur über Anorexie bestätigt dies. In einer berühmten psychoanalytischen Studie wird die Krankheit auf eine Verwechslung von Nahrung mit Babys zurückgeführt, das Essen steht für Befruchtung, der Magen für den Mutterschoß, und die Verstopfung, die die Krankheit gemeinhin mit sich bringt, repräsentiert den Fötus in der Bauchhöhle.[27] Während diese Deutung zu konstruiert erscheint, wird in einem anderen maßgeblichen Aufsatz dargestellt, daß die Nahrung »die Brust, die Genitalien, Fäkalien, Gift, ein Elternteil oder einen Bruder oder eine Schwester« repräsentieren kann, während das Essen so verschiedene Vorstellungen symbolisieren kann wie »Erfüllung, Geschwängertwerden, Geschlechtsverkehr, Leistung, Erwachsenwerden, Kastration, Zerstörung, Verschlingen, Töten, Kannibalismus«.[28] Die Bandbreite der Deutungen zeigt, daß Nahrung – metaphorisch betrachtet – allesverschlingend ist, sie verwandelt alles in Eßbares, so wie Geld alles in Ware verwandelt. Es ist diese Polyvalenz der Nahrung, die Anorektiker in die Lage versetzt, alle ihre Gedanken und Gefühle in ein bestimmtes Eßverhalten umzusetzen.[29] Sie hungern ihre Sprache aus, so wie sie ihren Körper aushungern, bis Appetitlosigkeit das letzte Ausdrucksmittel ist, das ihnen bleibt.
Eine von Helmut Thomas' anorektischen Patientinnen identifiziert Nahrungsaufnahme und Schwängerung, weil beides eine Verletzung ihrer Selbstidentität beinhal-

tet: »Flasche – Kind – Ekel, wenn ich daran denke – Injektionen –, die Vorstellung, daß da etwas in mich hineinfließt, in meinen Mund oder in die Vagina, macht mich verrückt – integer, integra, integrum kommt mir in den Sinn – unberührbar – er braucht kein Kind auszutragen – ein Mann ist, was er ist – er empfängt nicht und er gibt nicht.«[30] Diese freien Assoziationen lassen Freuds Ansicht glaubwürdig erscheinen, daß Essen und Kinder im Unbewußten Synonyma sind, denn Thomas' Patientin behandelt sie als Äquivalente, sie fürchtet beides, weil es ihre Autonomie bedroht. Daß sie Nahrung als etwas auffaßt, was in sie hineinfließt und nicht als etwas, das ›aktiv‹ von ihr konsumiert wird, zeigt, daß sie davor Angst hat, von dem, was sie ißt, vergewaltigt, das heißt von jenem anderen erobert und befleckt zu werden. Indem sie hungert, versucht sie ihr Ego zu erhalten – »integer, integra, integrum« – gegen eine Welt, die durch jede ihrer Köperöffnungen in sie hineindringt. Schwangerschaft fürchtet sie nicht, weil sie Angst vor Kindern hat oder vor den Schmerzen einer Geburt, sondern weil sie bedeutet, daß sie opfern muß, was Margaret Atwood ihren »unbestrittenen Besitz« nennt, ihren Körper.[31] »Ein Mann ist, was er ist«, wohingegen eine Frau immer Gefahr läuft, mehr zu sein als sie ist, oder zwei Wesen in einem. Wenn diese Patientin ein Mann sein will, dann weil sie glaubt, daß dieser nicht »empfängt« und nicht »gibt« und daher dem Austausch und der ihn begleitenden Auflösung entgehen kann. Nur wenn sie jedes Hineinfließen von Fremdem – oder jede ›Beeinflussung‹ durch andere – zurückweist, sei es die »Flasche« oder das »Kind«, kann sie ihren Körper ›ganz‹ erhalten, ihr Selbst vor dem Verletztwerden schützen.

Ein Selbst-Porträt einer anderen Anorektikerin (siehe die Abbildung auf S. 82) kündet ebenfalls von dieser Furcht, daß das Selbst aufgeteilt, daß man »Zwei-in-einer« werden könnte. Die Patientin nannte die Stacheln, die sie um ihren Körper gezeichnet hatte, das »Kraftfeld«, das sie gegen die Welt schützte, Freundschaft und Feindschaft gleichermaßen von ihr abhielt. Wenn es Zweck der Stacheln ist, das Andere außen vor zu halten, halten sie jedoch gleichzeitig etwas innen fest: den Doppelgänger, der in ihrem Unterleib gefangen sitzt. Die Patientin bezeichnete diese Figur als »die dicke Person, die herauszukommen versuchte«. Das Gefühl, ihr Körper sei von einem sie verschlingenden Fremden besetzt, bestätigt die Vorstellung, daß das Ego von den verinnerlichten Opfern seines Kannibalismus belagert ist. Aber Essen wird hier auch mit Geschwängertwerden identifiziert, denn die »dicke Person, die herauszukommen versucht«, ist in der Zeichnung ganz klar als Fötus dargestellt, der im Uterus heranwächst; die Patientin scheint sich jedoch dieser versteckten Andeutung selbst nicht bewußt gewesen zu sein. Vom ›Schwangersein‹ abgesehen weist die Figur keinerlei weibliche Merkmale auf, das heißt sie scheint überhaupt nicht in Beziehung zur Sexualität zu stehen: sogar der gläserne Unterleib ist vermutlich ein getarnter Magen, und der Homunkulus ist wohl der kindlichen Vorstellung entsprungen, daß Babys aus Nahrung zusammengesetzt sind.[32] Insgesamt gesehen kommt in dieser Zeichnung nicht nur zum Ausdruck, daß die Patientin ihre eigene Weiblichkeit zurückweist, sondern daß sie sich grundsätzlich nicht auf das Abenteuer einlassen will, das die Anerkennung von Geschlechtsunterschieden bedeutet. Es gibt jedoch Einzelheiten, die sich einer solchen ›einfa-

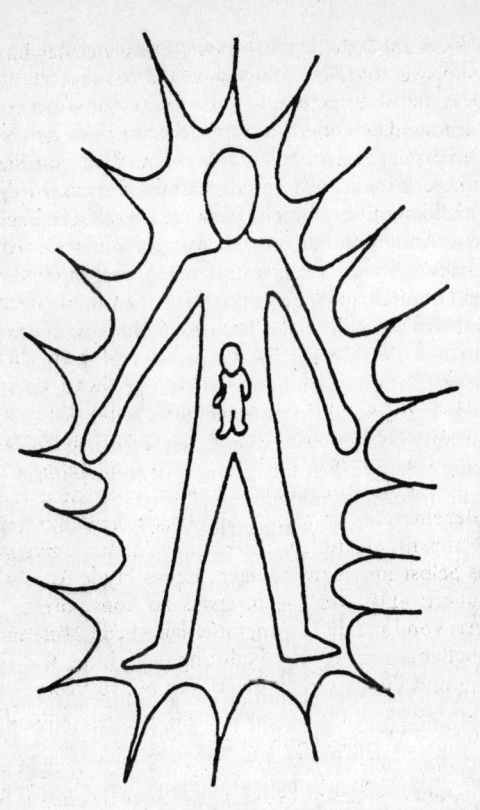

chen‹ Deutung verweigern, da jedes Detail der Zeichnung doppeldeutig ist. Die Stacheln zum Beispiel sind dazu gedacht, andere abzuschrecken, sie lenken aber auch die Aufmerksamkeit anderer auf das Selbst, weil sie den Körper so aussehen lassen, als ob er leuchte oder von Flammen umgebe sei. Die Zeichnung ähnelt in merkwürdiger Weise William Blakes Darstellung des »Freudigen Tages«, mit jener triumphierenden, von Sonnenstrahlen umzuckten Gestalt. Weiterhin: Die Patientin will ihre Gier verdrängen, indem sie ihr »dickes« Selbst in ihrer Stachelhülle einkerkert. Doch ihre Zeichnung gibt auch das gegenteilige Verlangen zu erkennen: ihre eigene ungeheure Größe zu gebären. Im hohlen Zentrum dieser diabolischen Persona kämpft ein anderes, vor Sinnlichkeit und Macht strotzendes Selbst vergeblich darum, geboren zu werden. Das augenscheinliche Verlangen, dünn, ›vollständig‹ und unbefleckt zu sein, wird von einem geheimen Begehren unterwandert, »groß«, das heißt mit Babys und Nahrung angefüllt zu sein, und das ganze Universum in das Selbst hineinzuschlingen. Lewis Hyde hat das so formuliert: »Das Verlangen, etwas zu konsumieren, ist eine Art von Lust. Es verlangt uns danach, die Welt durch uns fließen zu lassen wie Nahrung oder Luft. Wir sind durstig und hungrig nach etwas, das nur im Körper getragen werden kann.«[33] Genauso verbirgt sich hinter dem Wunsch, im Mutter-Schoß aufgenommen zu sein, der tiefere Wunsch, wiedergeboren zu werden und dick genug zu sein, um aus diesem Kokon aus Feuer herausbrechen zu können.

»Ich wuchs auf, indem ich Bücher und Brot küßte«, schreibt Salman Rushdie in einer Erinnerung an seine Kindheit in Indien. Immer wenn jemand in seinem from-

men islamischen Elternhaus eine Scheibe Brot fallen ließ oder ein Buch, »mußte man den zu Boden gefallenen Gegenstand nicht nur aufheben, sondern auch küssen, um sich bei ihm für jenen unbeholfen-despektierlichen Akt zu entschuldigen«. Brot und Bücher, erklärt Rushdie, mußten mit der gleichen Verehrung behandelt werden, weil sie »Nahrung für den Körper und Nahrung für die Seele darstellten«.[34]

Dieses Kapitel hat sich bis jetzt mit den verschlungenen Verwandtschaftsverhältnissen von Essen und Sexualität beschäftigt. Aber Rushdies Gleichsetzung von Brot und Büchern oder Essen und Wörtern weist auf eine noch wichtigere Verwandtschaft hin. Denn nur in der Welt der Wörter kann Nahrung als Metapher für Sex fungieren oder Sex als Metapher für Nahrung. Doch die Tatsache, daß Sprache aus derselben Öffnung hervorkommt, durch die Nahrung aufgenommen wird, bedeutet, daß Wörter und Essen sich als ewige Rivalen gegenüberstehen. »Der Mund spricht mit seiner Zunge und schmeckt auch mit ihr«, schrieb die hl. Katharina, die das Essen aufgab, um sich das Wort Gottes einzuverleiben.[35] Da Sprache mit Essen darum wetteifert, Alleinbesitzer des Mundes zu werden, bleibt uns nur die Wahl zu sprechen und hungrig zu bleiben oder zu schweigen und zu essen.

Gilles Deleuze und Félix Guattari haben dargelegt, daß »Mund, Zunge und Zähne [...] ihre ursprüngliche Territorialität in der Nahrung« finden.[36] Später wird dieses Territorium von der Sprache erobert, die darauf gründet, daß die Nahrung vernachlässigt wird. Aber das Sprechen ahmt den Eßakt nach und stellt so die mit diesem verbundenen primitiven Lustgefühle in anderer Form wie-

der her. Wenn wir Sprache erwerben, opfern wir das Vergnügen, das Nahrungsaufnahme bereitet, zugunsten der Erregung, die wir verspüren, wenn wir im Mund Vokabeln gestalten, das heißt »nicht Informationskügelchen formen oder Ideen von einem zum anderen weitergeben, sondern Wörter wie Bonbons auf der Zunge rollen, die, während sie durchscheinend dünn wurden, Rosa, Grün und Süße abgaben«, wie Virginia Woolf es in ihrem Roman *Between the Acts* (»Zwischen den Akten«) beschreibt.[37] In diesem Sinne stellt Sprechen eine Form des Fastens dar und Schreiben eine sogar noch rigorosere Form der Abstinenz, obwohl es leichter ist zu schreiben, als zu sprechen, wenn man den Mund voll hat. Es ist aufschlußreich, daß wir *Bücher* verschlingen und nicht das *gesprochene* Wort und daß wir gierig *lesen* und nicht *hören*; diese Wendungen weisen darauf hin, daß das geschriebene Wort tatsächlich an die Stelle der Nahrung treten kann, während das gesprochene Wort zu flüchtig ist, um einen Nährwert zu haben.[38] Durch Schreiben emanzipiert sich die Sprache vom Mund und letztlich vom Körper als solchem, insofern das geschriebene Wort das sterbliche Fleisch überlebt.

Es ist jedoch das Sprechen, welches den Prozeß der Entkörperlichung in Gang setzt. Ella Sharpe legt in einem klassischen psychoanalytischen Aufsatz über die Metapher dar, daß das Kind die Kontrolle über die Schließmuskeln seiner Körperöffnungen zur selben Zeit erwirbt, in der es Gewalt über die Sprache erlangt, wodurch sich ihm ein anderer »Ausscheidungsweg« eröffnet. Die Aktivität des Sprechens wird »an die Stelle der physischen Aktivitäten gesetzt, die jetzt an den anderen Körperöffnungen Einschränkungen unterliegen,

während die Wörter selbst Vertreter der physischen Produkte werden.« Da das Sprechen einen Weg darstellt, auf dem man »Ideen ausdrücken, sich entladen« kann, bietet es dem Kind eine Alternative zur physischen Entleerung. Sharpe vertritt die Ansicht, daß viele Metaphern vom exkrementalen Ursprung der Sprache zeugen; zum Beispiel klagte eine der von ihr analysierten Personen: »Ich bin von Verzweiflung durchnäßt«, eine andere: »Ich kann meine Gedanken nicht zurückhalten« und eine dritte: »Diese Couch stinkt nach Redseligkeit«.[39] All diese Metaphern, vor allem die letzte, implizieren, daß physische Inkontinenz von Geschwätzigkeit abgelöst worden ist, das heißt die Emotionen sind, weil sie daran gehindert werden, aus anderen Körperöffnungen auszutreten, gezwungen, durchfallartig aus dem Mund herauszuströmen. Dies bedeutet jedoch, daß das Ausdrücken des Wortes das Unterdrücken des Fleisches erfordert. Indem sie Äußerungen an Stelle von Ausscheidungen setzt, usurpiert Sprache die Funktionen des Körpers, zwingt sie das Soma in Seme.

Kritiker von Ella Sharpe haben darauf hingewiesen, daß viele der von ihr zitierten Ausdrücke Klischees sind, die sich im kollektiven Bewußtsein festgesetzt haben. Vermutlich weil sie Sprache als *Ausdruck* auffaßt, läßt sie die allgemeine, die ›öffentliche‹ Bedeutung dieser Metaphern außer acht und sieht nur die Bedeutung, die sie in einzelnen, in ›persönlichen‹ Fällen haben. Wie Wörter *herauskommen*, interessiert sie mehr als wie sie in den Verstand, das Denken hineinkommen. Indem sie sich auf das Austreten der Sprache durch den Mund konzentriert, läßt sie außer acht, wie sie durch das Ohr eintritt, und ignoriert auf diese Weise ihre Intersubjektivität. Sie

vergißt, daß der Akt des Hörens dem Akt des Sprechens vorausgeht, und daß das Ohr erst ›trinken‹ muß, bevor der Mund ›überlaufen‹ kann. Stuart Schneiderman hat die Ansicht vertreten, daß genau diese Verwechslung von Mund und Ohr Bulimie und Anorexie entstehen läßt, weil es »dem Unbewußten nicht offenkundig ist, wie es geschieht, daß Wörter durch das Ohr hereinkommen, um später durch den Mund [austreten zu können]«.[40] Das bulimische Erbrechen ist eine Nachahmung des Sprechakts, als Ersatz für die Wörter wird Nahrung hervorgewürgt, und diesem Symptom liegt die Illusion zugrunde, daß Sprache durch dieselbe Öffnung aufgenommen wird, durch die sie ausgestoßen wird. Virgina Woolf scheint ebenfalls an dieser irrigen Vorstellung gelitten zu haben, denn sie gab zu, Angst davor zu haben, daß übermäßiges Essen sie Stimmen hören lassen könnte, als ob sie durch den Mund von anderer Leute Wörtern okkupiert würde.[41] Diese Phantasie unterscheidet sich gar nicht so sehr von der alten Vorstellung, daß die Barden ihre Inspiration eher durch den Mund empfingen als durch das Ohr, wie der Dichter von »Kubla Khan«, der seine Worte mit Nektar nährt und die Milch des Paradieses trinkt.

Das ist Seelennahrung. Aber auch der bulimische Zyklus von Fressen und Erbrechen ahmt die Ernährungsweise der Engel nach, denn die »Nahrungssubstanz wird daran gehindert, sich in Körpersubstanz umzusetzen.«[42] Die Psychoanalytikerin Victoria Shahly meint, daß Bulimiker das Prinzip der Metapher in die Tat umsetzen. Genau wie man mit einer Metapher »etwas sagen kann, ohne es wirklich zu sagen«, kann man mit Hilfe des bulimischen Erbrechens »etwas essen, ohne es wirklich zu essen«.

Shahly zufolge sind Bulimiker von der Essensmetapher besessen, das heißt, sie sind gezwungen, sie wörtlich zu nehmen, und alle ihre Impulse unter dem Verdauungsaspekt zu sehen. Eine ihrer Patientinnen erzählte: »Ich fühlte mich so schlecht, daß ich nach Hause ging und mich übergab.« Während ihre Familie am Eßtisch im übertragenen Sinne »explodierte«, »stopfte« sie ihren Ärger mit der Nahrung in sich hinein, um dann später, wenn sie allein war, im wörtlichen Sinne ihr Essen wieder herauszuspeien. Schließlich könne sie nicht alles »schlucken«. Da die Eltern dieser Patientin Überlebende des Holocaust waren, meint Victoria Shahly, daß Metaphern ihr besonders zusagten, weil man mit ihnen die Ausdrucksmöglichkeiten der Sprache vergrößern und gleichzeitig sparsam mit dem beschränkten Vorrat an Sprache umgehen kann. »Ein einzelnes Wort oder Bild dazu heranzuziehen, verschiedenes auszudrücken«, entspricht dem Rationieren oder »der ökonomischen Verteilung von Essen während des Krieges«. In dem ›geizigen‹ Umgehen der Patientin mit Wörtern kam auch die Schuld zum Ausdruck, die sie verspürte, weil sie ernährt worden war, während ihre Eltern in Auschwitz gehungert hatten. Um ihre Krankheit zu überwinden, mußte sie ihre Symptome auf einer symbolischen Ebene rekonstruieren. Allmählich lernte sie es, »›ihre Wörter zu essen‹ statt der Nahrung« und fand die Metapher des Essens faszinierender als den Akt.[43] Ihre Geschichte deutet jedoch darauf hin, daß der Triumph der Metapher auf der Unterdrückung des Reichs der Nahrung beruht, welches dann die Unterwelt der Sprache, ihren dunklen Kontinent repräsentiert.

Mary Gordons kraftvoller erster Roman *Final Payments* (»Letzte Zahlungen«, 1978) erforscht diesen Kampf zwischen Wörtern und Nahrung und zeigt, wie vor allem Frauen Opfer dieser Rivalität werden.[44] Isobel, die Heldin des Romans, hat zehn Jahre ihres Lebens damit verbracht, ihren behinderten Vater zu betreuen, mit dessen – nach katholischem Ritus vollzogener – Beerdigung das Buch einsetzt. Ihre Rolle wurde ihr nur von Margaret streitig gemacht, der früheren Haushälterin der Familie, die gehofft hatte, ihren Vater heiraten zu können. Aber Isobel hatte Margarets Pläne aufgedeckt und ihren Vater dazu überredet, sie zu entlassen, und so in dieser ödipalen Romanze einen Pyrrhussieg davongetragen. Nach der Beerdigung ihres Vaters scheint Isobel zunächst ruhig und gelassen zu sein: sie kauft sich neue Kleider, verkauft das Haus der Familie und beginnt eine leidenschaftliche Liaison mit einem verheirateten Mann. Aber ihr neuerworbenes Glück wird urplötzlich zerstört – durch eine Tirade der Ehefrau ihres Liebhabers, einer Frau, die Margaret sehr ähnlich ist, der vieles ›fehlt‹, die in vielem benachteiligt ist und daher die Glücklicheren unter Druck setzt. Dieses traumatische Gespräch ruft in Isobel qualvolle Schuldgefühle wach, die sie vorübergehend verdrängt hat. Die einzige Möglichkeit, Buße für ihre Verbrechen zu tun, scheint ihr darin zu liegen, sich Margarets anzunehmen, obwohl sie diese verabscheut. Sie verläßt ihren Liebhaber, zieht zu Margaret und beginnt in deren dumpfem und freudlosem Haus eine Art von Eß-Streik: sie stopft sich mit so viel Essen voll, wie sie überhaupt hinunterwürgen kann, obwohl sie weder Hunger noch Sättigung zu empfinden vermag. In die Sprache der Psychoanalyse übertragen bedeutet das, daß ihre kannibali-

stische Regression sie in die ›ozeanische‹ Welt der frühesten Kindheit zurücktreibt, in der es keine Grenze zwischen dem Säugling und der Brust, dem Essenden und dem Eßbaren gibt. Sogar die Grenzen ihres Körpers schwinden, denn Isobel erfährt das Dicksein nicht als Stabilität, sondern als Indeterminiertheit; sie hat das Gefühl, daß die Umrisse ihrer Gestalt sich in einem Meer von Essen auflösen: »Das Essen, das ich aß, wurde zu Fleisch, und daran dachte ich auch, als ich in meinem Bett lag: an Essen, das zu Fleisch wurde, an meinen Bauch, der runder und weicher wurde vor meinem Knochengerüst, an meine Brüste, die schwerer wurden und von meinem Körper abzufallen schienen, an die Innenseiten meiner Schenkel, die ineinander wuchsen, so daß sie sich rieben und scheuerten, wenn ich ging« (278). Paradoxerweise erlebt sie ihr Anschwellen als eine Form von Selbst-Auflösung, als ob ihr eigenes Fett sie auslöschen, ihr eigenes Gesicht sie gesichtslos machen würde: »Jeden Tag sah ich, wie meine Augen kleiner wurden, wie mein Gesicht immer mehr vom Gesicht eingenommen wurde, von Fleisch« (278).

Ihre Völlerei ist Symptom dafür, daß Isobel von mehreren unvereinbaren Verlangen erfüllt ist: dem Verlangen, sich ihren Vater einzuverleiben, um seinen Verlust leugnen zu können, aber auch von dem Verlangen, Margaret zu verschlingen, damit sie sich mit ihr identifizieren und sie gleichzeitig zerstören kann. Je mehr Isobel ißt, desto mehr sieht sie wie Margaret aus; sie scheint von ihr Besitz zu ergreifen wie ein Leichenräuber. Und obwohl sie meint, daß sie Margaret alles opfert, reduziert diese Gabe Margaret zu einem gelatinös-zitternden, von ihr abhängigen Objekt: »›Was wird mit mir geschehen ...?‹, sagte

Margaret und begann zu wimmern« (306). Unter dem Vorwand, Margaret das zurückzuzahlen, was sie ihr genommen hat, indem sie die Ehe mit ihrem Vater vereitelte, zahlt sie Margaret auch etwas heim, bringt sie die Rache an ihrer Rivalin zu einem Abschluß. Aber Isobel ist in besonderer Weise von der Alchimie fasziniert, durch die Nahrung in Fleisch verwandelt wird: »Das Essen, das ich aß, wurde zu Fleisch ... Essen, das zu Fleisch wurde.« Die beschwörende Wiederholung dieses Themas legt die Vermutung nahe, daß sie der Kommunion huldigt, einem anderen kannibalistischen Fest, bei dem Nahrung in Fleisch verwandelt wird. Sie frißt folglich dem Glauben ihres Vaters zu Ehren und der katholischen Auffassung der Eucharistie, derzufolge Brot und Wein nicht den Heiland *symbolisieren*, sondern sein Leib und sein Blut *sind*.

In dem autobiographischen Bericht der wiedergeborenen Christin Cherry Boone O'Neill über ihre Anorexie wird ebenfalls diese Gleichsetzung von Essen und Fleisch problematisiert. Ihre Memoiren beginnen mit der Schilderung einer düsteren Kommunion, die im Haus ihrer Eltern abgehalten wird, wobei ihr Vater die Rolle des Priesters einnimmt. Die Autorin zählt unterdessen fieberhaft die Kalorien zusammen, die in der Hostie enthalten sind und in dem Traubensaft, der anstelle von Wein ausgeschenkt wird. »In meinem Kopf rechnete ich fieberhaft: Hostien haben ungefähr zwölf Kalorien, und ich werde ungefähr ein Zwölftel davon essen, das ist also eine Kalorie, und Traubensaft – zu viel. Ich werde nur so tun, als ob ich den Traubensaft trinke. He, vielleicht kann ich auch nur so tun, als ob ich die Hostie esse! Ich könnte sie einfach zwischen meinen Fingern

zerdrücken und die Krümel auf den Boden fallen lassen. Keine Kalorien.«[45] Während Protestanten sich vorstellen sollen, daß das Brot und der Wein *Metaphern* für das Fleisch und Blut Christi sind, macht O'Neill sich hier die katholische Auffassung zu eigen: sie wird von dem Glauben erfaßt, daß Nahrung Fleisch *ist* und daß sogar die zarteste engelhafte Speise sofort in Fett umgesetzt wird. Dieses Wörtlichnehmen führt zu der blasphemischen Vorstellung, die Hostie zu zerdrücken und den Teppich ihrer Eltern mit den Krümeln der – auf diese Weise zur Metapher reduzierten – Hostie zu beschmutzen.

In *Final Payments* ist es eben diese Wiederentdeckung der Metapher, die Isobel vom Bann des Essens und dem sie erstickenden Wörtlichnehmen befreit. Ihr habgieriges Aufnehmen von Nahrung steht für eine prä-verbale oder unfertig ausgebildete Metapher, derer sie sich nicht bewußt wird, bis ihre letzten Barrieren gegen das Trauern zerstört worden sind. »Ich bin selbstsüchtig gewesen«, äußert sie schließlich. »Ich hätte mit meiner Gier die ganze Welt *verschlingen* können« (274). Diese Metapher versetzt sie in die Lage, ihre Gier in das »Universum der gesagten Dinge« zurückzuübertragen.[46] Es ist aber ihr toter Vater – in seinen verschiedenen Erscheinungsformen –, der die Rückkehr figurativer Sprache einleitet, denn in diesem Buch verkörpert sich, wie in den Theorien Lacans, die symbolische Ordnung als männliche. Zunächst nimmt das väterliche Prinzip die Gestalt eines Briefes von ihrem Liebhaber Hugh an, der in ihr orales und mütterliches Universum der Nahrung eindringt. »Ich verzehre mich nach dir. Ich sehne mich nach dir«, schreibt er (284). Dieser Brief läßt eine »Welle« durch

ihren Magen laufen, die Isobel fälschlicherweise für Ekel hält, bis sie erkennt, daß es sich um sexuelle Erregung handelt (285). Diese Verwechslung ist signifikant, weil sie zeigt, daß sexuelles Verlangen sie nicht nur vom Essen wegführt, sondern genau das Territorium besetzt, das der Nahrungsverarbeitung dient. Und es ist das Verlangen des *anderen,* nicht ihr eigenes, das ihren Körper von außen in Besitz nimmt und es seinem, fremdem, Gebot unterwirft. Entscheidend ist auch, daß der *Brief* und nicht die *Anwesenheit* des Liebhabers ihre Sexualität neu belebt. Nicht seine *Berührung,* sondern das, was er *schreibt,* zieht sie aus ihrer wortlosen Symbiose mit dem Eßbaren heraus, gibt ihr Sprache und Verlangen wieder. »Er hatte mir geschrieben«, wiederholt sie, »jetzt war mir sein Zeichen aufgeprägt« (286). Indem er ihr geschrieben hat, hat er auch *auf ihr* geschrieben, sie als Objekt seines eigenen Verlangens ›beschrieben‹ und ihren Körper wie einen Brief an sich selbst mit einer Rückadresse versehen. Bald danach wird sie erneut ›gezeichnet‹: sie läßt ihre Maße nehmen, um sich ein neues Kleid machen zu lassen, und ihr Körper, der amorph und unendlich zu sein schien, wird rigoros eingegrenzt: er hat »Größe sechzehn« (292).

Am Ende ist es der engste Freund ihres Vaters, ein katholischer Priester, der zwischen Isobel und Margaret vermittelt und dem Verhältnis, in dem sie sich gegenseitig wie Vampire aussaugen, ein Ende setzt. Wie Hugh tritt Father Mulcahy aber nicht in persona auf, sondern er nähert sich Isobel zunächst über das Telefon. Das einzige Wort, das sie hervorzustoßen vermag, als sie am Hörer seinen langentbehrten Gruß vernimmt, ist: »Vater.« Indem er die Rolle eines symbolischen Vaters an-

nimmt, befreit er sie von ihrem Verschlungensein in den wirklichen Vater. »Ich hatte ihn fast getötet«, denkt Isobel. »Aber er war nicht gestorben« (290). Aufgrund dieser Erkenntnis ist sie in der Lage, ihre kannibalistischen Phantasien aufzugeben, sie sind ihrer Omnipotenz, ihrer Magie beraubt worden. Am wichtigsten ist es jedoch, daß der Liebhaber und der Priester nicht persönlich in ihre Welt eindringen, sondern nur in indirekter Weise, denn ihre Abwesenheit scheint therapeutischer zu wirken als ihre Anwesenheit. Es sind nicht diese Männer selbst, die Isobel retten, sondern die Austauschsysteme, die sie repräsentieren: die Post, das Telefon, die Welt des Kommerzes. Nicht von ungefähr wird in diesem Roman die Post (›mail‹) von Männern (›males‹) repräsentiert. Durch ihre Intervention tritt die auf Distanz geführte Kommunikation an die Stelle des Austausches von Nahrung und Fleisch durch die Nabelschnur. Da ein Telefonanruf eine Stimme ohne Sprecher ist und ein Brief ein Text ohne Autor, sind sie beide Geister und ermöglichen Isobel, sich mit Abwesenheit und einem Universum von Phantomen abzufinden. Erst jetzt kann sie den Tod ihres Vaters akzeptieren, ihn aus ihrem Ego herauswürgen und ihm gestatten, in seine symbolische Erscheinungsformen zurückzukehren. Jetzt begreift sie auch, daß sie Margaret ihr Geld opfern kann anstelle ihres Lebens, das heißt, daß sie das Reale durch etwas Symbolisches ersetzen kann. Sie überläßt Margaret ihr ganzes Vermögen, und von diesem Verlust beflügelt, macht sie sich in die Freiheit davon.
Der Haken dabei ist jedoch, daß Isobel ihr eigenes Fleisch aufgeben muß, um die Welt der Wörter wiederzuerlangen. Ihre erste Reaktion auf ihre Rückkehr zur

Sprache besteht darin, das Mittagessen ausfallen zu lassen. Tatsächlich ißt sie immer weniger, je mehr sie spricht; ihr Körper wird leichter, so als ob ihre eigene Gesprächigkeit ihn leeren würde. Als sie so weit ist, ihr gynophagisches Verhältnis zu Margaret aufzugeben, beschreibt sie sich selbst als »gewichtlos«, »körperlos«, »unsichtbar«, aber voll von Worten, denn der letzte Satz des Romans lautet: »Es gab vieles, was ich sagen wollte« (306 f.). Nachdem sie zunächst die Wörter zugunsten der Nahrung aufgegeben hatte, macht sie am Ende eine Kehrtwendung und entschließt sich zu hungern, um ihr Fett durch Sprache zu ersetzen. Auf diese Weise fastet sie sich in die Sprache zurück wie in ein Kleid, das immer mindestens eine Nummer zu klein sein wird. Der Roman zeigt, daß die Ordnung der Sprache Opfer verlangt, daß sie jedes Pfund Fleisch fordert, und daß es die Frau ist, die dazu verurteilt ist, diese »letzte Zahlung« zu leisten.

Durch den Akt des Essens steckt sich das Ego seinen eigenen Herrschaftsbereich ab, indem es sein Inneres vom Äußeren unterscheidet. Allerdings sind die durch diesen Akt geschaffenen Grenzen der Subjektivität äußerst gefährdet, denn Essen ist – wie Sprache – ursprünglich dem Anderen verliehen, und Spuren dieser Andersheit sind noch in jedem Mundvoll, den man spricht – oder kaut. Von Anfang an ißt man für den anderen und mit dem anderen zusammen Essen, das man von dem anderen empfangen hat; aus diesem Grund wird Essen prototypisch für jede Form von Transaktion mit dem anderen und Nahrung prototypisch für jede Art von Tauschobjekt. Niemand ist »völlig der Mutterbrust entwöhnt«, hat

Michel Serres behauptet, wir alle tragen eine »Pumpe oder einen Sauger, ob sichtbar oder unsichtbar« mit uns herum, eine Nabelschnur, die uns mit dem andern verbindet.[47] Weil jeder Mundvoll von der Verführung durch den anderen und der Vernichtung des anderen zeugt, ist es unmöglich, für sich allein zu essen. Aber es ist gleichermaßen unmöglich, für sich allein zu hungern, da ein Sich-selbst-Aushungern sich ebenfalls auf den andern richtet, und sei es auch nur in dem Sinne, daß seiner Herrschaft über die Ernährung Trotz geboten werden soll. Und Hungern ist eine Form der Anrufung, deren Bedeutungen so vielfältig sind wie die Nahrung selbst.

Lacan interpretiert Anorexie als eine Ansprache, die sich an die einem entzogene oder mißgönnte Mutterbrust der frühen Kindheit richtet. Er führt aus, daß die Brust als uranfängliches Objekt kindlicher Begierde entweder etwas hervorbringt und übergibt oder aber nichts. Nachdem es die Brust eingebüßt hat, tröstet sich das Kind mit Ersatzhandlungen wie Essen, Trinken oder sexuellen Betätigungen. Aber im Fall der Anorexie wird der orale Trieb vom Nichts fasziniert und verträgt keine Substitute der Leere. Eine Anorektikerin *ißt*, aber was sie ißt, ist das Nichts, und sie verweigert die Nahrung aus einer Verbundenheit mit der Leere heraus, die sie an der Brust aufgenommen hat, und sie will nicht, daß diese Leere irgendeinen Geschmack annimmt und damit verfälscht wird.[48] So wird es zu ihrem Schicksal, den Abgrund zu verkörpern, den Sprache und Nahrung verbergen sollen, den fundamentalen Mangel der Lebensordnung. Sie hungert, um den Mythos, Essen könne diese Leere füllen oder eine Metapher diese Trostlosigkeit lindern, zu demontieren.

Indem sie sich mit der leeren Brust identifiziert, versucht

die Anorektikerin auch, sich der Last zu entledigen, die ein unabhängiges Selbst darstellt. Viele ihrer Rituale deuten in der Tat darauf hin, daß die Rollen des »Selbst« und des »Anderen« vertauscht worden sind, daß sie ihr Inneres nach außen gekehrt hat und ihr Äußeres nach innen. Ein verbreitetes Symptom der Krankheit ist das Zubereiten üppiger Mahlzeiten, die sich die Anorektikerin dann zu verzehren weigert: sie projiziert ihren Hunger auf andere und versucht, indem sie diese füttert, ihren eigenen Appetit zu stillen, läßt sich also von den anderen gewissermaßen vertreten. Orbach ist der Ansicht, daß die Anorektikerin ihre Gefühle in einem Maße verleugnet, daß der andere dazu gezwungen ist, sie für sie zu empfinden. Unser Impuls, beim Anblick ihrer ausgemergelten Gestalt die Flucht zu ergreifen, ist eine Projektion ihres eigenen Verlangens, ihrer eigenen tödlichen Diätverordnung zu entkommen.[49] Am Hunger – oder genauer am Anblick des Hungers – ist etwas, das das Vermögen, zwischen dem Selbst und dem Anderen zu unterscheiden, stört. Genau dies nutzen Wohlfahrtsorganisationen aus, wenn sie Fotografien von Opfern von Hungersnöten einsetzen, um unsere unbewußten Mittäterschaftsgefühle wachzurufen. Wer würde nicht durch den Anblick des kleinen braunen Gesichtes, der großen Augen, des aufgeschwollenen Bauches und der knochendürren Gliedmaßen eines Kindes aus der dritten Welt bewegt? Die Tageszeitungen sind voll von solchen pornographischen Abbildungen, deren Botschaft zwiespältig ist, weil sie zum einen unserem Gefühl schmeicheln, zu einer kulturell überlegenen Gruppe zu gehören, gleichzeitig aber unsere vergessene Vergangenheit, das ausgehungerte und verlassene Kind in uns selbst, ansprechen.

Es sind diese in unserem Unbewußten liegenden Schuldreserven, die Hungerstreikende ebenfalls anzapfen müssen, wenn sie in ihrem Vabanquespiel mit dem Tod den Sieg davontragen wollen. Auf irgendeine Weise müssen sie die Menschen, gegen die sie fasten, dazu bringen, die Verantwortung für ihr Hungern zu übernehmen. Diese Streikenden legen das Netz gegenseitiger Abhängigkeit bloß, in der alle Subjekte gefangen sind, denn sie zwingen ihre Gegner zu der Erkenntnis, daß sie selbst am Hunger ihrer Mitmenschen beteiligt sind. Gleichzeitig jedoch richten die Streikenden die Wut auf ihre Gegner gegen sich selbst und opfern sich *in effigie*. Ihr Selbstmord ist Mord, Mord, zu dem die anderen sie bevollmächtigt haben. Durch dieses interpsychische Pingpong von Projektionen durchbricht der Anblick von Hunger die Grenzen der Subjektivität. Er zwingt uns, die Gefühle des anderen zu fühlen, die Gedanken des anderen zu denken und in das gemarterte Fleisch des anderen zu schlüpfen. Es ist mit jenem Phänomen verwandt, das Freud – etwas unbeholfen – als »Telepathie« bezeichnete.[50]
Auch Joyce bringt Telepathie mit dem Verdauungsprozeß in Zusammenhang, denn er schlägt vor, die Übertragung von Nahrung im Uterus als Modell der Übertragung von Gedanken zu betrachten. In der Proteus-Episode des *Ulysses* betrachtet Stephen Dedalus seinen Nabel, die primäre Körperöffnung, durch die der Fötus im Uterus von der Mutter genährt wird. Für ihn ist die Nabelschnur »das fasernverflechtende Kabel allen Fleisches«, welches die Spezies Mensch mit ihren ersten Ahnen in »Edenville« verknüpft. In seiner Vorstellung zieht sich eine unendliche Nabelschnur wie ein Telefonkabel

durch die Welt, an dem alle Sprecher hängen und in parasitärer Weise an den geheimsten Gedanken des anderen teilhaben können.[51] In diesem Kontext würde die Verweigerung von Nahrung bedeuten, den anderen auf Kosten der Zerstörung des eigenen Selbst zu leugnen, also die Nabelschnur der Intersubjektivität zu zertrennen.

Der Weg zu den Gedanken eines Menschen führt durch seinen Magen; darauf spielt auch Aldous Huxley in »The Farcical History of Richard Greenow« an: der Körper der Titelgestalt wird ebenso von zwangsweise eingeflößter Nahrung erobert, wie sein Geist von den zuckerüberzogenen Gedanken Pearl Bellairs. Ein weiteres Beispiel findet sich in Bram Stokers *Dracula*.[52] Mina Harker, die Heldin des Romans, entdeckt, daß sie die Gedanken des Vampirs lesen kann, nachdem dieser sie gezwungen hat, sein Blut aus einer Wunde zu saugen, die er sich an der Brust zugefügt hat. In dieser Szene (282) wird das Blutsaugen zu einer Metapher für das Stillen und für oralen Geschlechtsverkehr, aber auch für den wechselseitigen Austausch von Sprache, da sowohl Wörter wie auch Blut zwischen diesen menschenfresserischen Telepathikern hin- und herfließen. Dracula wiederum verzehrt die Gedanken seiner Opfer, wenn er ihr Blut schlürft: »Irgend etwas nagt an den Gedanken meines lieben Mädchens«, sagt Arthur Holmwood über die oft zur Halsschlagader gelassene Lucy (109). Tatsächlich deutet der Roman an, daß auch Sprache nichts anderes als eine Form von Vampirismus ist: beim Sprechen ernährt sich der Mensch wie beim Essen von anderen Menschen – er saugt Worte und Fleisch in einem endlos verschlungenen Plagiat. Um diese Parallele hervorzuheben, verzehrt der Romantext die Ge-

ständnisse der Figuren genauso, wie der Vampir ihr Blut in sich einsaugt. Während ihre Körper Transfusionen unterworfen werden, werden ihre Aufzeichnungen Transkriptionen unterzogen und der Haupterzählung einverleibt. Am Ende des Romans öffnet der Held den Safe, in den die Aufzeichnungen gelegt worden sind, und stellt fest, daß soviel davon transkribiert worden ist, daß sich in der »Masse schreibmaschinengeschriebenen Materials« kaum noch »ein authentisches Dokument« befindet (378). Und in den Adern der Kopisten, die sich über diese Texte hergemacht haben, gibt es kaum ein authentisches Blutkörperchen, denn ihr Blut ist aus den Körpern anderer gestohlen. Vampirismus ist ansteckend; und die zunehmende Verbreitung von Vampiren spiegelt die Verbreitung von Imperien wider, beide schaffen »eine sich ständig vergrößernde Schar von Halbdämonen, die sich an den Hilflosen mästen« (51). Aber die Epidemie spiegelt auch die Verbreitung der Erzählung selbst wider, die wie eine Geschlechtskrankheit um sich greift, indem sie von Hand zu Hand und von Mund zu Mund geht. Der irre »Zoophag« (70), der so genannt wird, weil er so viele Leben wie möglich in sein eigenes absorbieren will, personifiziert letztlich den Text selbst, der vollgestopft ist mit Briefen, Tagebucheintragungen, Telegrammen, Tonaufnahmen, Lieferscheinen, Bulletins und Zeitungsartikeln.

Durch Essen verzehren wir das Fleisch anderer, durch Telepathie verzehren wir ihre Gedanken. So zerstört Telepathie die Privatsphäre des Geistes, Essen die Privatsphäre des Körpers; beide enthüllen die Gegenwart des Anderen im Geisterhaus der Subjektivität. Wenn unsere Gedanken nicht unsere eigenen sind, ist es auch unser

Fleisch nicht, denn unser Fleisch setzt sich aus dem zusammen, was wir essen, und wir essen immer etwas, das unserem Selbst fremd ist. Essen hebt also die Grenzen zwischen dem Selbst und dem Anderen auf; und unter anderem auch, um diese Grenzen zu schützen, achten viele Amerikaner seit einiger Zeit so sorgfältig auf ihre Ernährung. Der amerikanische Ausdruck »substance abuse« (Substanzmißbrauch) bringt die damit zusammenhängenden Ängste zum Ausdruck: jede Substanz, auch eine wohltuende wie Nahrung, wird giftig, wenn sie die innere Substanzlosigkeit bloßlegt, wenn sie zeigt, daß ein inneres Bedürfnis von einer Versorgung von außen abhängig ist. Der Ausdruck »Abhängigkeit« wird heutzutage auf Raucher, Fresser, Junkies und sogar auf »workaholics« angewandt, obwohl der ›Stoff‹, den diese sich zuführen, ganz unterschiedlich ist. Die paar, die davon ausgenommen bleiben, die Dünnen, die Enthaltsamen und die Faulen, werden zur epistemologischen Bürgerwehr, die die Mißbrauch Treibenden beschimpft, weil sie die Grenzen des Selbst in Frage stellen. Abhängigkeit bedeutet, daß mein ›Stoff‹ nicht in mir, sondern draußen ist, und indem ich nach meinem Fix giere, verletze ich meine Selbstidentität.

Der Ausdruck »Mißbrauch« bringt den alten Ausdruck für Masturbation in Erinnerung: »Selbst-Mißbrauch«; daß man Sucht so sehr verachtet, liegt wohl zu einem guten Teil an dieser Assoziation. Freud hat ja tatsächlich die Masturbation als die ›primäre Sucht‹ bezeichnet, und war der Meinung, daß eine Abgewöhnung »wie jede andere Abgewöhnung nur in einer Krankenanstalt und unter beständiger Aufsicht des Arztes lösbar« sei. »Sich selbst überlassen«, warnt er, »pflegt der Masturbant bei

jeder verstimmenden Einwirkung auf die ihm bequeme Befriedigung zurückzugreifen« (GW I,550). Solche kritischen Äußerungen, wiewohl sie viktorianisch wirken, werden auch heute noch ausgesprochen – allerdings gegen den, der sich mit Nahrung selbst-befriedigt, und moralische Entrüstung tarnt sich immer noch als medizinische Besorgnis. Das Krankenhaus hat den Beichtstuhl abgelöst, während das Psycho-Geschwätz vom »zwanghaften Essen« die Moralpredigten gegen »Gier« ersetzt hat. Ähnlich wie einst die Masturbation für Rousseau eine »gefährliche Ergänzung« heterosexueller Beziehungen darstellte, stellt heute das Essen eine solche Ergänzung dar.[53] Deswegen werden dicke Menschen diffamiert; sie geben sich nicht nur onanistischen Vergnügungen hin, sondern stellen dies noch durch die nicht zu verbergende Masse ihres Fleisches zur Schau. Ja, je mehr sie essen, desto mehr stellen sie zur Schau. Die dicke Person ist ›außer Kontrolle‹: Fett ist der Feind innerhalb des Körpers – so wie der Kommunismus der Feind innerhalb der politischen Körperschaft ist –, der die Selbst-Bestimmung unmöglich zu machen droht. Das Fett steht aber auch für die Wiederkehr des Unterdrückten, für etwas, das nicht sichtbar sein sollte, aber ans Licht gekommen ist. Was genau ist das fürchterliche Geheimnis? Kann es so schlimm sein, daß es *uns Vergnügen bereitet* zu essen? Dieses Verbrechen wäre kaum der Bestrafung wert; Fett ist aber das Symbol einer ganzen Flut von Ängsten geworden, die alle mit der Vorstellung von Mißbrauch in Zusammenhang stehen. Fett bedeutet, daß der »Mißbrauchs-Wert vor dem Gebrauchs-Wert rangiert«, um Michel Serres' Formulierung zu übernehmen;[54] es bedeutet, daß die Kultur vor der Natur rangiert und die

Sucht vor der Notwendigkeit. Es bedeutet schließlich, daß Hunger nicht zu stillen ist, und daß das ganze Leben eine *grande bouffe* ist, die uns nur die Wahl zwischen zwei Möglichkeiten läßt: uns zu Tode zu fressen – oder zu (ver)hungern.

Demonstration für Hungerstreikende in Market, im Westen von Belfast

(Photo von Peter Marlow, Magnum)

Sarkophagie

Bist Du das Ding, nach dem es mich verlangte?
Hinweg – ich bin nun anspruchsvoller –
Beleidige einen mindern Gaumen
Du konntest nicht so lange reizen –

Ich sag Dir, während ich gewartet –
Wuchs das Mysterium der Nahrung
Bis ich ihr abgeschworen habe
Und nähr mich nun wie Gott –

Emily Dickinson

In William Butler Yeats' Drama *The King's Threshold* fastet der legendäre irische Dichter Seanchan auf der Schwelle des königlichen Palastes, weil er von dessen Tisch verbannt worden ist. Die Männer der Tat am Hof des Königs, die »Bischöfe, Soldaten und Gesetzesmacher«, verweigern es einem »bloßen Mann des Wortes«, mit ihnen zusammen an der wichtigsten Tafel des Landes zu sitzen.[1] Seanchan beruft sich jedoch auf das alte Recht der Dichter, »das begründet wurde, als die Welt begründet wurde«, an der Tafel des Königs zu speisen (109). Er fastet daher, um seinen Ehrenplatz zurückzuerhalten und die Unantastbarkeit und den Vorrang der Dichtkunst zu verteidigen.

Yeats' Schauspiel ähnelt Franz Kafkas Erzählung »Ein Hungerkünstler« insofern, als beide Parabeln implizieren, daß der Künstler hungern muß, um das Kunstwerk zu vervollkommnen. Seanchan hungert seinen Körper

aus, um seine Wörter zu verteidigen, während der Hungerkünstler sein eigenes Fleisch in ein sich selbstverzehrendes Artefakt verwandelt. Beide hungern jedoch um einer erbarmungslosen Ästhetik willen, welche die Auflösung des Fleisches verlangt. Dieses Kapitel sucht durch einen Vergleich der Hungerkünstler bei Yeats und Kafka und eine Erkundung der *Clarissa* von Richardson und des irischen Hungerstreiks die Strategien aufzuzeigen, mit deren Hilfe sich das Fleisch in Wörter verwandelt; die Kunst der Entkörperlichung hängt nämlich von dieser verhängnisvollen Alchimie ab.

Als er *The King's Threshold* schrieb, so behauptete Yeats, waren bisher »weder Suffragette noch Patriot in den Hungerstreik getreten. Auch anderswo war der Hungerstreik«, [seines] Wissens, »nicht zur politischen Waffe geworden.«[2] Als der Hungerstreik in der nationalen Bewegung, der sich Yeats in der Zwischenzeit angeschlossen hatte, eine so wichtige Rolle zu spielen begann, bereitete ihm daher seine Vorausahnung einige Befriedigung. In Wirklichkeit wurde eher sein Schauspiel von der irischen Politik beeinflußt als umgekehrt. Yeats überarbeitete *The King's Threshold,* nachdem 1920 einer der berühmtesten Hungerstreikenden der Republikanischen Bewegung gestorben war. Terence MacSwiney, Oberbürgermeister von Cork, starb im Gefängnis von Brixton nach vierundsiebzig Tagen ohne Nahrung. MacSwiney hinterließ der nationalen Bewegung seine tödliche Philosophie der Selbst-Verleugnung, insbesondere den oft zitierten Ausspruch: »Nicht die, die anderen am meisten zufügen können, sondern die, die am meisten erleiden können, werden siegreich sein.«[3] Dies war der Slogan, auf den sich

1981 die Hungerstreikenden von Long Kesh beriefen, um die Reihe ihrer Selbstmorde zu rechtfertigen. Vermutlich um MacSwineys Ethik des Selbst-Opfers zu rechtfertigen, entschloß sich Yeats, das Ende seines Stückes umzuschreiben: in der Fassung von 1904 überlebt Seanchan, während er sich in der Version von 1922 zu Tode hungert.[4]

Nichtsdestoweniger will *The King's Threshold* nachweisen, daß Dichtung den Kurs der Politik bestimmt, weil die Welt der Macht ein Produkt der Träume des Dichters ist. Seanchan würde mit Shelley darin übereinstimmen, daß die Dichter die unerkannten Gesetzgeber der Menschheit sind; denn sie waren es, die als erste die Vorstellungen von Souveränität, Rang und Gesetz erfunden haben und so in die rohe Demokratie der Natur das Prinzip der Rangordnung eingeführt haben. Der König selbst, der die Barden geringschätzt, verdankt seinen Titel und seine Herrschaft ihren Metaphern. »Des Königs Geld könnte nichts kaufen«, erklärt Seanchan,

> Noch der erhabene Reif sein Haupt weihen,
> Hätten Dichter nicht das Gold und sogar
> Des Mondes arme Tochter, jenes höchst bleiche Metall,
> Wertvoll genannt [...]   (127)

Mit anderen Worten, es waren die Dichter, die Gold und Silber ihren Glanz verliehen und den metallenen Reif zur Krone erhoben haben; die Magie, die diesen Objekten innewohnt, beruht auf den entzückten Metaphern der Barden. Seanchan spricht aber die noch kühnere Behauptung aus, daß die Dichtung im wahrsten Sinne die »Hebamme der Gesellschaft« ist, und stellt in einem verzweifelten Versuch, die Privilegien seiner Zunft zu rechtfertigen, eine eu-

genische Theorie auf. Gute Dichtung bringt bessere Körper hervor, verkündet er, und deshalb müssen die Mütter darauf achten, schlechte Dichter zu meiden, damit ihre Kinder nicht schon im Mutterschoß entstellt werden.[5] (Von allen Ratschlägen, die man jemals Schwangeren erteilt hat, ist dies wohl der bizarrste.) »Aber warum kamt ihr krumm auf die Welt?« fragt er die Krüppel, die ihn anflehen, sein Fasten zu beenden. »Welchem schlechten Poeten lauschten Eure Mütter / Daß ihr so krumm geboren wurdet?« (133) Dieser Logik zufolge müssen die Künste respektiert werden, wenn das genetische Material der Rasse vor Schaden bewahrt bleiben soll. »Wenn die Künste untergehen sollten«, prophezeit Seanchans Jünger,

> Wäre die Welt, die ihrer entbehrte, wie eine Frau,
> Die auf die gespaltenen Lippen eines Hasen schauend,
> Ein Kind mit einer Hasenscharte gebiert. (112)

Wenn die Dichtung wieder ihren altangestammten Ehrenplatz zurückerhält, wird eine edlere Rasse geboren werden; das Bild, das von dieser Rasse gezeichnet wird, erinnert in ominöser Weise an das Idealbild von der arischen Rasse: »jene große Rasse, / Die hochmütig sein würde und heiter, und mit weißen Körpern« (135). In solch einem ökonomischen System muß der Dichter seinen Körper aushungern, um die Wörter zu nähren, die die Abkömmlinge seiner Leser mästen, und auf diese Weise die Körper der Angehörigen zukünftiger Generationen retten.

So verrückt diese Theorie auch ist, in ihr kommt die zentrale Polarität von Yeats' Denken zum Ausdruck, die Polarität zwischen der Welt der Tat und der Welt des Wortes. Die »Schwelle«, um die es im Stück geht, könnte auch

als die symbolische Grenze interpretiert werden, an der Dichtung und Macht, Phantasie und Realität, Sprache und Körper zusammentreffen. Yeats' Gedichte konstituieren eine Geschichte seines Körpers, eines Körpers, der darauf besteht, geschrieben zu werden, selbst wenn er »der Seele zu Gefallen verletzt werden« muß und durch die Wehen der Selbst-Schöpfung ausgeweidet wird. Aus diesem Grund müssen Dichter dünn sein – sie opfern ihr Fleisch für Wörter, werden vom körperverzehrenden Regime der Metapher verwüstet. In »Sailing to Byzantium« ist der Dichter nur noch Haut und Knochen, kaum daß man ihm einen Mantel umhängen kann: »Ein gealterter Mann ist nur ein armselig Ding / Ein zerfetzter Mantel auf einem Stecken.«[6] Auch Yeats' wilde alte Schurken sind bei all ihrer Lüsternheit und ihrer Raserei niemals dick. Entscheidend ist jedoch, daß Yeats das Alter nicht als ein Transzendieren des Körpers begreift, sondern vielmehr als ein letztes Eintauchen in dessen Qualen. Körperlicher Verfall ist Weisheit, aber nicht weil er den Geist freisetzt, sondern weil er die Phantasie an das Fleisch bindet. Der kraftstrotzende Körper, berauscht von seiner eigenen bitter-süßen Jugendlichkeit, ist sich seiner selbst nicht bewußt; nur der arthritische Körper, der von den Erinnerungen an vergangene Gelüste gequält wird, kann seine Fleischlichkeit wirklich begreifen. Für Yeats führt nicht rauschhafte Begeisterung, sondern peinliche Störung zur Erleuchtung: wenn der Körper beginnt zu versagen, macht er seine Ansprüche an den Geist geltend; und der Verstand wird gezwungen, sich selbst als Körper anzuerkennen, lächerlich in seiner heruntergekommenen Körperlichkeit, eine Vogelscheuche oder ein lächelnder Mann der Öffentlichkeit.[7]

Der fastende Schriftsteller Seanchan verkörpert buchstäblich die Ansicht, daß Schreiben den Körper verwüstet, ihn schrumpfen läßt und austrocknet. Denn Yeats sieht im Hunger die Nahrung der Poesie, genauso wie er Frustration als die Nahrung der Liebe betrachtet. In »Ego Dominus Tuus« äußert er die Ansicht, Dantes Kunst sei inspiriert durch den »Hunger nach dem Apfel an jenem Zweig, / der nicht zu greifen ist«. Dantes Gesicht wurde »hohlwangig« auf seiner vergeblichen Suche nach einem Brot, das zu bitter war, um gegessen zu werden, und einer Dame, die zu erhaben war, um geliebt zu werden. Hic, der erste der beiden Sprecher, behauptet, daß Dante

    so vollkommen selbst sich fand,
Daß er sein hohlwangiges Gesicht
Deutlicher dem inneren Auge gemacht als jedes andere
Außer Christi Gesicht.

Aber Ille, der in dem Gedicht die Gedanken Yeats' vorbringt, widerspricht ihm. Dante hatte nicht *sich selbst* gefunden – nicht den »Mann, den Lapo und den Guido kannten« –, sondern ein Abbild, »von seinem Gegenteil geformt«, ein Gegen-Selbst. Er hatte seinen Körper ausgehöhlt, um dieses unbekannte Selbst zu wecken und all dem in einem Körper aus Worten Gestalt zu verleihen, was er »am wenigsten berührt, am wenigsten betrachtet«.

    Er setzte seinen Meißel an den härtesten Stein.
    Von Guido wegen seines lüsternen Lebens verspottet,
    Verhöhnt und verhöhnend, hinausgetrieben,
    Um jene Stufen zu erklimmen und das bittere Brot
        zu essen,

Fand er die unbestechliche Gerechtigkeit, fand er
Die erhabenste Dame, die je von einem Mann geliebt.[8]

In seinem Essay *Per Amica Silentia Lunae* schreibt Yeats, daß »die Leidenschaften, wenn sie keine Erfüllung finden können, zu Visionen werden«. Mit anderen Worten, die Visionen der Dichter wachsen, wie die Träume von Liebe, aus den ungestillten Gelüsten. Ist doch »das Verlangen, das befriedigt ist, kein großes Verlangen«, und sogar »erfülltes Verlangen« nichts anderes als ein »hohles Abbild«. In dieser ästhetischen Theorie wird Phantasie nicht als ein Überfließen mächtiger Gefühle verstanden, sondern als ›Entzug‹ solcher Gefühle, als luxuriöse Mittellosigkeit. Nur »wenn ich begreife, daß ich nichts habe«, erklärt Yeats, »beginnt die Dunkelheit zu leuchten, wird die Leere fruchtbar«.[9] Der Dichter muß sein Fleisch opfern, um die Sprache zu reinigen, dies wiederum ist das einzige Mittel, den ganzen Stamm zu reinigen.

In seiner Analyse des Opfers hat René Girard dargelegt, daß der Sündenbock als Ersatz für die Gemeinschaft fungiert, die ihre gewalttätigen Gefühle an diesem Opfertier abreagiert, um ihren gefährdeten Zusammenhalt zu wahren. Die klassische Literatur Chinas hebt diese vereinigende Funktion hervor: »Durch die Opfer wird die Einheit der Menschen befestigt.«[10] *The King's Threshold* führt jedoch vor Augen, was Girard »die Krise des Opfers« genannt hat: die »Kluft zwischen dem Individuum und der Gemeinschaft« wird zu groß, als daß das Opfer die der Gruppe innewohnende Wut »ableiten« könnte.[11] Seanchan gelingt es nicht, die Menschen, die er zu retten vorgibt, zu repräsentieren. Wenn die Wirkung eines Hungerstreiks von der Substitution des Individuums durch

die Gemeinschaft abhängt, dann muß Seanchan physische Gewalt anwenden, um überhaupt die Rolle des Stellvertreters einnehmen zu können. Er ergreift die Hand seiner Geliebten Fedelm und benutzt sie, um das Essen zurückzustoßen, das ihm vom König angeboten wurde. »Du hast es zurückgewiesen, Seanchan«, wirft der König ihm vor. Nein, erwidert Seanchan. »Wir haben es zurückgewiesen.« Dieses erzwungene »Wir« scheint dem Begriff von Gemeinschaftlichkeit hohnzusprechen. In seiner Fragwürdigkeit enthüllt es jedoch die Schwierigkeiten des anglo-irischen Protestanten Yeats, sich zum Sprecher aller seiner Landsleute zu erheben und ein gemeinsames irisches Bewußtsein zu schmieden. Das Unbehagen, das er in dieser Rolle verspürte, manifestiert sich in den vielen Solözismen des Schauspiels, die Yeats auch mit wohltönenden Worten nicht zu überspielen vermag. Seanchan, der das Sprachrohr von Yeats ist, vermag die Phantasie seiner Mitmenschen nicht einzunehmen und seine Leiden nicht zum Sinnbild ihrer eigenen Leiden zu erheben. Dies wird in schmerzhafter Weise deutlich, als der Bürgermeister des Dorfes, in dem Seanchan seine Kindheit verbracht hat, eintrifft, um ihn zu warnen, daß der König alle seine Untertanen aushungern wird, wenn er sein Fasten nicht beendet. Seanchan gibt trotzdem nicht nach, weil er es für verwerflich hält, daß überhaupt jemand ißt, wenn die Dichter nicht zusammen mit den Königen speisen können. Es überrascht nicht, daß der Bürgermeister diese Logik kaum versteht. Die Bedrohung durch eine Massen-Aushungerung macht deutlich, welch fürchterliche Schuld ein Dichter auf sich lädt, der seine Wurzeln nicht mehr in seiner eigenen Nation hat und insgeheim mit den schweigenden Massen uneins ist, für die er zu sprechen

vorgibt. Obwohl Seanchan darauf beharrt, daß er für die Nation hungert, läßt diese Episode vermuten, daß er lieber die Nation für sich hungern lassen würde; und die Verse implizieren, daß er das Gewicht des Nationalismus abwirft, um seine nunmehr staatenlose Phantasie frei schweifen zu lassen:

> Denn wenn der schwere Körper schwach geworden ist,
> Gibt es nichts, das den wilden Geist anbinden könnte,
> Der, überspannt und überdreht,
> Hingeht, wo er hingehen mag. (111)

Seanchans Hungerstreik entspricht Yeats' Mystizismus, insofern er den Dichter auf eine höhere Ebene versetzt, auf der er dem Land und all seinen ungerächten Leiden entkommen kann. Das Mißlingen des Schauspiels zeigt jedoch, daß die Einbindung in eine Nation nicht weggeträumt oder -gehungert werden kann. Denn von einem Mißlingen kann man mit Fug und Recht sprechen. Es brauchte einen Yeats, um Seanchans verletzte Eitelkeit in das Eintreten für eine noble Sache zu verwandeln, aber hier vermag sogar der Meister solcher Metamorphosen nicht die schreckliche Schönheit seines schmollenden Barden zu enthüllen. Yeats selbst gab zu, nicht zu wissen, ob das Schauspiel eine Tragödie oder eine Farce sein sollte. Und seine Unschlüssigkeit ist sprechender als seine Lösungen. Denn *The King's Threshold* zeigt einen Künstler, den es auf eine einsame Insel verschlagen hat, die so weit von seiner Gemeinschaft entfernt liegt, daß er nicht einmal mehr weiß, wonach ihn hungert.

Kafkas »Ein Hungerkünstler« erforscht ebenfalls die Krise des Opfers, aber diese Erzählung deckt die ständig größer werdende Kluft zwischen der Polis und den »Sündenböcken« auf.[12] Die Gemeinde stößt das Opfer, das um ihrer willen hungert, zurück, weil die Zurschaustellung der Selbstverleugnung sie langweilt. Früher, heißt es, als die Hungerkunst in Mode war, stieg die erregte Teilnahme des Publikums mit jeder weiteren Stunde, die der Künstler abstinent blieb. Außer müßigen Zuschauern gab es auch eigens eingesetzte Wächter, gewöhnlich waren es Fleischhauer, die den Hungerkünstler rund um die Uhr beobachten sollten, damit er nicht etwa heimlich etwas zu sich nähme. Natürlich untersagte diesem die Ehre seiner Kunst, auch nur das kleinste Bröckchen Nahrung hinunterzuschlucken. Die Verdächtigungen des Publikums gehörten jedoch zu den untrennbar mit dem Hungern verbundenen Erscheinungen, die dafür sorgten, daß die Augen der Zuschauer unablässig auf seiner sich auflösenden Gestalt ruhten.

Niemand war jedoch in der Lage, das Fasten des Künstlers ununterbrochen zu beobachten, und deswegen war dieser dazu verurteilt, der einzige »von seinem Hungern vollkommen befriedigte Zuschauer« zu sein (193). Es gab jedoch Gründe, aus denen er niemals wirklich völlig befriedigt sein konnte. Er, der von allen gerühmt und verehrt wurde, wußte als einziger, daß es die leichteste Sache von der Welt war, nicht zu essen, was ihm aber keiner glauben würde, wenn er es ihm erzählte. Außerdem hatte sein Impresario die Fastenperioden auf vierzig Tage begrenzt, weil er davon ausging, daß das Interesse des Publikums bei einer längeren Vorführung nachlassen würde. Aus diesem Grund war der Künstler nie imstande, seine Virtuosität voll und ganz unter Beweis zu stellen. Immer

am vierzigsten Tag wurde der mit Blumen geschmückte Käfig geöffnet und der Ausgemergelte von zwei jungen Mädchen zu einem Tisch geleitet, auf dem eine »Krankenmahlzeit« bereit stand, durch deren Verzehr er wieder in die Welt zurückgeführt werden sollte.

Die Geschichte spielt jedoch zu einer Zeit, in der das »Interesse an Hungerkünstlern sehr zurückgegangen« (191) und der Hungerkünstler in eine entlegene Ecke eines Zirkusses, bei den Stallungen, abgeschoben worden ist (197). Hier beginnt er seine ambitionierteste Vorführung; die Zuschauer jedoch werfen auf ihrem Weg zu den pralleren Reizen der Menagerie kaum einen Blick auf ihn. Schließlich wird der Hungerkünstler sogar von der Direktion vergessen, aber er fastet weiter – genauso wie er es sich einst erträumt hatte, weiß bald nicht mehr, wie viele Hungertage er schon hinter sich gebracht und welche Rekorde er damit gebrochen hat. Eines Tages fragt ein Aufseher, der an seinem Käfig vorbeikommt, die Diener, warum dieser leersteht und nicht verwendet wird. Verwirrt stochern sie mit Stangen im dreckigen Stroh des Käfigbodens herum und entdecken die ausgemergelten Überreste des Hungerkünstlers. Er hat gerade noch genug Kraft, um seine letzten Worte in das Ohr des Aufsehers zu flüstern. Indem er seine Lippen wie zu einem Kuß schürzt, gesteht er, daß er nur aus dem Grund gehungert hat, weil er nie die Speise gefunden hat, die ihm schmeckte: »Hätte ich sie gefunden, glaube mir, ich hätte kein Aufsehen gemacht und mich vollgegessen wie du und alle« (200). Nachdem er tot und mitsamt dem Stroh begraben ist, setzt man einen jungen Panther in seinen Käfig. Die Besucher, die den Hungerkünstler ignoriert hatten, drängten sich jetzt vor dem Käfig, fasziniert von der Lebenskraft des edlen Tieres, das fast bis zum Zerreißen

mit der Nahrung angefüllt zu sein scheint, die ihm schmeckt.
Was bedeutet diese Geschichte? Kafka hat einmal gesagt: »Die Metaphern sind eines von dem vielen, was mich am Schreiben verzweifeln läßt.«[13] Es ist daher wichtig, den Text in seinem Wortlaut zu respektieren und seine *semantische* Abstinenz zu würdigen. So wie der Hungerkünstler sein Fleisch aushungert, hat Kafka seine Prosa abgemagert und den dickleibigen Roman des neunzehnten Jahrhunderts durch den skelettartigen Apparat einer Schreib-Maschine ersetzt. Auf einer Ebene kann die Geschichte wörtlich genommen werden: es gab tatsächlich einige berühmte Hungerkünstler, die in der letzten Dekade des neunzehnten Jahrhunderts auf dem Höhepunkt ihres Ruhms standen und ihre merkwürdigen Darbietungen fortführten, bis ihre ›Kunst‹ während des Ersten Weltkriegs außer Mode kam.[14] In jedem Fall reduziert Kafka die Ebene der Anspielungen und Assoziationen, bis es sehr schwierig wird, die Geschichte als Metapher für etwas anderes zu nehmen, oder auf eine unter der Oberfläche verborgene ›tiefere‹ Bedeutung zu schließen. Spuren von alten Mythen tauchen ab und zu auf, werden aber – ohne nachklingen zu können – wieder unterdrückt. Zum Beispiel hungert der Künstler vierzig Tage lang, genau so lange wie Christus in der Wüste fastete und Moses auf dem Berg Sinai, als er auf die Übergabe der Zehn Gebote wartete, und sein Fleisch abtötete, um das Wort Gottes empfangen zu können.[15] Darüber hinaus scheint der Hungerkünstler die Rolle des ›Sündenbocks‹ einzunehmen, er opfert sich selbst, um seine Sippe zu einigen. Die öffentlichen Feierlichkeiten, die bei Abschluß seiner Fastenperioden stattfinden, vereinigen die in alle

Winde zerstreute Bevölkerung und helfen ihren inneren Zwist zu überwinden. Doch deutet die Geschichte an, daß das Opferritual zu einer ›Show‹ verkümmert ist; der Hungerkünstler ist eher ein Stuntman als ein Heiliger, und der Impresario hat die Rolle des Priesters übernommen. In Kafkas Welt gibt es keine Sünde und daher auch keine Absolution, es gibt nur noch Bruchstücke längst erschöpfter Kulte, die ab und zu die Banalität der Unschuld stören.

Es wird jedoch deutlich, daß die Wirksamkeit des Hungerns davon abhängt, daß es sichtbar ist, und aus diesem Grund durchziehen Kafkas Prosa Bilder von Licht und Sehen.[16] Während die Anwesenheit von Zuschauern das Fasten zu einer Kunst erhebt, wird es durch ihr Fehlen zu einer Erkrankung.[17] Kafkas Geschichte scheint Adornos und Horkheimers Ansicht zu bestätigen, daß »[d]ie Geschichte der Zivilisation [...] die Geschichte der Introversion des Opfers ist«,[18] insofern das Fasten, das einst ein Opfer war, das um der Gemeinde willen vorgenommen wurde, jetzt zu einer individuellen Neurose »introvertiert« worden ist. Aus dem öffentlichen Ritual ist eine private zwanghafte Handlung geworden: »Ihr solltet es [...] nicht bewundern«, keucht der geisterhaft ausgemergelte Künstler ganz am Ende, »[...] ich kann nicht anders« (199). Der Panther, der an die Stelle des Hungerkünstlers tritt, scheint den radikalen Wandel der Anschauungen, die das Fleisch betreffen, zu symbolisieren: das heilige Mysterium des Leidens ist zugunsten der säkularen Vergötterung der Gesundheit ausgelöscht worden, die den modernen Menschen in unterschiedlicher Gestalt tyrannisiert, als arische Mythologie oder Bodybuilding. In einer Zivilisation von Metzgern, die von Ju-

gendlichkeit besessen sind und jede Form von Selbst-Abtötung verachten, beinhalten Entbehrungen nichts Heiliges mehr; und Kafkas Geschichte zeigt, wie das Leiden zunehmend ent-heiligt, ent-sozialisiert und seines Sinnes beraubt worden ist.

Das Thema des Hungers taucht immer wieder in Kafkas Schriften auf, und zwar in Verbindung mit dem ebenfalls obsessiven Thema des Schreibens. Deleuze und Guattari bezeichnen gar Kafkas gesamtes Werk als eine einzige »lange Hungergeschichte«[19]. Gregor Samsa, die Hauptfigur der »Verwandlung«, wacht eines Morgens auf und findet sich zu einem riesigen Ungeziefer verwandelt.[20] Das erste Gefühl, das der Verwandelte verspürt, ist Gier nach Nahrung: »Gregor fühlte sich [...] ganz wohl und hatte sogar einen besonders kräftigen Hunger« (59). Aber auch er entwickelt sich bald zu einem Hungerkünstler und verhungert, weil er, von seinem neuen Körper und dessen ihm fremden Begierden verwirrt, nicht die Speise finden kann, die ihm schmeckt:

> Sonderbar schien es Gregor, daß man aus allen mannigfachen Geräuschen des Essens immer wieder ihre kauenden Zähne heraushörte, als ob damit Gregor gezeigt werden sollte, daß man Zähne brauche, um zu essen, und daß man auch mit den schönsten zahnlosen Kiefern nichts ausrichten könne. »Ich habe ja Appetit«, sagte sich Gregor sorgenvoll, »aber nicht auf diese Dinge. Wie sich diese Zimmerherren nähren, und ich komme um.« (97)

Kafkas Erzählung »Forschungen eines Hundes«[21] handelt ebenfalls vom Mysterium der Nahrung. »In das Wesen der Hunde einzudringen, schienen mir [...] Forschungen über die Nahrung am geeignetsten und ohne Umweg zum Ziele führend«, erklärt der forschende Hund (214). Schließlich sind Hunde für ihre unstillbare Gier bekannt (tatsächlich wird ›Bulimie‹ im *Oxford English Dictionary* als ›Hunde-Hunger‹ (›canine hunger‹) definiert).[22] Kafkas Hund jedoch verspürt mehr Hunger nach Wissen als nach Nahrung; und in der Welt der Hundeschaft werden Nahrung-für-das-Fleisch und Nahrung-für-den-Geist mit der Erde beziehungsweise mit der Luft assoziiert. Erdgebundene Hunde sind so sehr mit Essen beschäftigt, daß sie es kaum bis zum Sprechen bringen. Es gibt jedoch eine andere Rasse, die der »Lufthunde«, die durch eine »fast unerträgliche Geschwätzigkeit« von ihrer Lebensweise ablenken (195 f.). Diese leichtgewichtigen Intellektuellen sind mit den Wörtern überfüttert, welche die Arbeiter unten eingebüßt haben. Es scheint so, daß die Hunde, die von Wörtern leben, fliegen können, während die, die vom Essen leben, dazu verdammt sind, von der Schwerkraft niedergehalten und der Redekraft beraubt zu werden. In jedem Fall sind die Welt der Sprache und die der Nahrungsaufnahme nicht kompatibel. Daher glaubt der Protagonist auch, daß seine Mithunde ihm gerne das Maul so »mit Essen zustopfen« würden (190), daß ihm seine unersättlichen Fragen im Hals stecken bleiben. Weil Fragen aus derselben Körperöffnung hervorkommen, durch die das Fressen aufgenommen wird, verzichtet er schließlich zugunsten seiner Fragen auf Nahrung und versucht, seine Forschungen durch Fasten zum Abschluß zu bringen. Das freiwillige Hungern ist bei den Hunden die »höchste Leistung«,

erklärt er, und daher »das letzte und stärkste Mittel« seiner Forschung: »Durch das Hungern geht der Weg« (208).
Als der Forscher sich fast zu Tode gehungert hat, um seine Gier nach Erkenntnis zu stillen, wird er von einem vorüberkommenden Hund gerettet, der ihn ins Leben zurücksingt. Der Gesang ist so bezaubernd, daß der Held sich entschließt, in seine Geheimnisse einzudringen und das Studium der Nahrung zugunsten des Studiums der Musik aufzugeben. Dieser Vorfall erinnert ihn an ein frühes Ereignis; dem Forscher sind als ganz jungem Hund sieben Hunde begegnet, die Musik aus dem leeren Raum hervorzauberten, ohne dabei ihre Schnauzen zu öffnen: »Sie redeten nicht, sie sangen nicht«, berichtet er, aber von überall regnete es Musik, die den Zuhörer fast um den Verstand brachte. Dieselbe Art von Musik rettet ihn später; der Hund, der ihn wieder ins Leben zurückholt, singt, »ohne es noch zu wissen«. Die Melodie schwebt »von ihm getrennt, nach eigenem Gesetz durch die Lüfte«, und das »Schlimmste aber war, daß sie nur meinetwegen vorhanden zu sein schien, diese Stimme, vor deren Erhabenheit der Wald verstummte, nur meinetwegen« (213). Diese Erfahrung veranlaßt den Hund dazu, seine Nachforschungen in Zukunft auf dem Gebiet der Musik anzustellen, oder vielmehr sich mit jenem »Grenzgebiet« zu befassen, in dem Musik und Nahrung sich durchdringen, der »Lehre von dem die Nahrung herabrufenden Gesang« (214). Die – Fragment gebliebene – Geschichte endet, ohne daß er auf eine seiner Fragen eine Antwort erhalten hätte.
Thomas von Aquin zufolge waren Engel unsichtbar, außer wenn sie sich der Gabe der Sprache bedienten, denn Sprache setzt einen Körper voraus.[23] Kafka dreht

diese theologische Aussage um, denn er verbindet die Kunst des Gesangs mit Entkörperlichung. In »Forschungen eines Hundes« korrespondiert Gesang mehr mit dem Schreiben als mit dem Sprechen, insofern er sich vom Fleisch loslöst. Auf dieses Bild von der Stimme-ohne-Körper stößt man auch in anderen Werken Kafkas. In »Der Bau« zum Beispiel wird die hermetische Isoliertheit des Erzählers durch ein unirdisches Pfeifen aufgehoben, dessen Urheber sich nicht lokalisieren läßt. Die einzige im Wortlaut zitierte Rede des Hungerkünstlers, seine letzte Beichte, bricht aus seinem Mund hervor, als er schon fast fleischlos geworden ist. Und die Geräusche, die aus Gregor Samsas Mund hervordringen, als er zu sprechen versucht, stehen in keinem Verhältnis zu seinem menschlichen Bewußtsein: »Das war eine Tierstimme«, stammelt der Prokurist entsetzt (66). In allen diesen Fällen bringt die Sprache eine erschreckende Dislokation oder Abwertung des Körpers mit sich; die Stimme löst sich entweder vom Körper oder ist im falschen Körper zu Hause. Und wenn Sprache den Körper verstümmelt, dann schlachtet Schreiben ihn aus – wie in Kafkas »Strafkolonie«, in der der Verurteilte im wahrsten Sinne des Wortes von den Sätzen des Urteils, die ihm in den Leib geritzt werden, ausgeweidet wird.

Sowohl Yeats als auch Kafka deuten an, daß das Erschaffen eines Kunstwerks die Dekonstruktion des Körpers verlangt. Gleichzeitig wird jedoch in ihren Schriften die Wirkungslosigkeit des Sich-selbst-Aushungerns nachgewiesen, seine Überholtheit als Ritus der Wiedergutmachung. In ihren Werken scheint der (ver)hungernde Künstler für die Krise hoher Kunst in der bürgerlichen

Kultur zu stehen, das heißt für das Ausgeschlossensein des Künstlers aus der Welt des Kommerzes und seine Weigerung, sich von den Kapitalisten füttern zu lassen. In »Ein Hungerkünstler« zum Beispiel zeugt die Gleichgültigkeit der Menschen gegenüber dem Hunger von ihrer Gleichgültigkeit gegenüber der Kunst, und sie zeigt auch, in welchem Maße der moderne Künstler und die Massen voneinander getrennt sind. Peter Bürger hat dargelegt, daß die Ideologie künstlerischer Unabhängigkeit, die aus dem Ausgesperrtsein des Künstlers aus der Welt des Kommerzes resultierte, unter Schriftstellern zu einem Gefühl der Ohnmacht führte und zu der Einsicht in die soziale *Ineffektivität* ihres Mediums.[24] Bei Yeats und Kafka wird *Autonomie* zur *Autophagie,* denn die hungernden Künstler verzehren sich selbst, da sie von ihrer Gesellschaft nicht mehr genährt werden.[25] Vom verbalen, alimentären und ökonomischen Austausch mit der Gesellschaft ausgeschlossen, muß der Künstler zwangsläufig hungern, er wird aber in seinem Hunger auch lächerlich, da es ihm unmöglich ist, die Welt mit seinen Leiden zu beeindrucken.

Im folgenden Abschnitt wird das Hungern Clarissas, der Titelheldin von Samuel Richardsons Roman, in Beziehung zum Irischen Hungerstreik gesetzt, wobei das Augenmerk der Umwandlung des Körpers in Worte gilt. Denn es ist nicht so sehr das gemeinsame Thema des Hungerns, das die Hungerstreikenden von Long Kesh mit Richardsons asketischer Heldin verbindet, als vielmehr die Tatsache, daß in beiden Geschichten Hungern mit Redseligkeit einhergeht. Die Körper der Hungernden schwinden in dem Maße dahin, in dem sich ihre Texte ausweiten, so als ob sie von ihrer Prosa verschlungen

würden. Da Nahrung und Wörter umlaufende ›Zahlungsmittel‹ sind, ist der Fastende, wenn er die eine Form des Austausches verweigert, offenbar gezwungen, sich auf dem anderen Gebiet Befriedigung zu verschaffen. Zirkulation, Umlauf oder Austausch, liegt also der Hungerkunst zugrunde, und es ist nötig, dieses ruinöse System näher zu erkunden.

> *Jetzt wirst du all meine Zirkulation sehen:*
> *Wie in einem Spiegel wirst du sie sehen.*
>
> Lovelace an Belford, *Clarissa*

Im Jahr 1975 hob die britische Regierung das Gesetz auf, nach dem republikanische Terroristen in Nordirland ohne vorhergehendes Gerichtsverfahren inhaftiert werden konnten. Gleichzeitig wurde jedoch eine neue Kriminalisierungspolitik eingeleitet, in dem Sinne, daß politische Gefangene wie gewöhnliche Verbrecher behandelt werden sollten und nicht wie Kriegsgefangene. Ein wahrer Propagandasturm wurde von Politikern und hohen Polizeioffizieren entfacht; die Führer der IRA wurden als »Paten« bezeichnet, ihre Gruppen als »Gangs«, ihre Männer als »Ganoven«. Den politischen Gefangenen in den H-Blocks von Long Kesh, dem größten Gefangenenlager, wurde es untersagt, ihre eigenen Kleider zu tragen; diese zogen es daraufhin vor, überhaupt keine Kleider zu tragen, statt die Sträflingskleidung anzuziehen, die den Unterschied zwischen Verbrechen und Krieg auslöschte.[26] Sie wickelten sich in Wolldecken. Diesem »Wolldecken-Protest« folgte bald der »Wasch-Protest«, das heißt, die Gefangenen weigerten sich, die Waschräume zu benutzen, weil sie dort ihre Nacktheit hätten

zeigen müssen. Auf brutale Gegenmaßnahmen von seiten der Aufseher, die zumeist Protestanten waren und »Screws« (»Schließer«) genannt wurden, antworteten die Gefangenen mit dem »Schmutz-Protest«: sie beschmierten ihre gut eingerichteten Zellen mit Essen und Exkrementen und gossen Urin unter den Türen hindurch.[27] Als sich jedoch sogar die »Schlacht der Eingeweide« als wirkungslos erwies, begannen sie 1981 den Hungerstreik, der erst endete, als zehn Männer die H-Blocks in ihren Särgen verlassen hatten.

Oberflächlich betrachtet scheinen die äußerst realen Leiden der zehn irischen Republikaner kaum etwas mit den fiktiven Qualen zu tun zu haben, denen Richardson seine Heldin unterwirft. Bobby Sands und Clarissa Harlowe sind ein ungleiches Paar. Doch sogar ihre Unterschiedlichkeit betont ihr merkwürdiges Bündnis. 1802 bezeichnete ein Historiker das gerade verabschiedete Unions-Gesetz zwischen Irland und England als »eine brutale Vergewaltigung« und Irland als eine Erbin, deren Kammerzofe und Vermögensverwalter bestochen worden waren, damit sie, trotz allen Protestes, zum Altar geschleppt werden konnte.[28] Es ist durchaus möglich, daß er auf *Clarissa* anspielte, denn der Roman war so berühmt, daß die Nöte der Heldin zum Inbegriff für Ausbeutung geworden waren. Auch Clarissa entgeht der Ehe, zu der sie gezwungen werden soll nur, um dann von dem Mann, der versprochen hat, sie zu beschützen, vergewaltigt zu werden. Außerdem protestiert sie gegen ihr Schicksal, indem sie einen Hungerstreik antritt, und stirbt, bevor sie die Zugeständnisse genießen kann, die sie sich mit ihren Leiden erkämpft hat.

John Berger hat in seinem Buch *Ways of Seeing* (»Die

Sarkophagie

Kunst des Sehens«) die Behauptung aufgestellt, daß »Männer agieren und Frauen erscheinen«.[29] Wenn dies zutrifft, wurden die Gefangenen in Nordirland feminisiert, insofern ihre Körper in Bilder verwandelt wurden, die etwas bedeuteten und nicht mehr Werkzeuge des Handelns waren. Hunger bringt jedoch auch die ausgeprägte Asymmetrie zwischen den Geschlechtern ans Licht. Für die in Long Kesh inhaftierten Männer war ihr Hungern ein öffentliches und konzertiertes Unternehmen, mit dem sie ihren fünf Forderungen nach einem Sonderstatus als Kriegsgefangene körperlich Ausdruck verliehen.[30] In ihrem Fall stützen sich Wort und Fleisch gegenseitig, sie begleiteten und ergänzten sich, weil ihr verbaler Protest auch ihren dahinschwindenden Körpern Aussagekraft verlieh.

Während die IRA-Männer in aller Öffentlichkeit und lautstark hungerten, hungert Clarissa, wie die moderne Anorektikerin, in privater Abgeschiedenheit; und obwohl sie ihrem Appetit nach Wörtern ebenso uneingeschränkt nachgibt wie sie ihren Appetit auf Essen unterdrückt, spricht sie nie die Gründe für ihr Hungern aus. Tatsächlich ist ihr körperlicher Protest viel heftiger als alles, was sie mit Wörtern ausdrückt; was er aussagt, ist zu wild, um in Sprache gefaßt zu werden. Die Wörter und das Fleisch verzehren sich gegenseitig in ihrem langen, komplizierten Todeskampf, ihrem unerbittlichen Streben nach Auflösung des Fleisches. Indem sie sich selbst entkörpert, versagt sie sich sogar die Sprache der Hysterie; denn bei Hysterie finden Wörter, die nicht in der Form von Sprache nach außen dringen können, in körperlichen Symptomen Ausdruck. Clarissa will ihren Körper auflösen und zum Schweigen bringen, und nur der Sarg kann

ihn mit all seinen Ambiguitäten einschließen. In Long Kesh hatte Hunger eine bestimmte, vereinbarte Bedeutung, selbst wenn die Welt ihn falsch verstand, und der Widerhall, den er fand, über die Absichten der Protestierenden hinausging. Clarissa jedoch kann ihr Hungern nicht deuten. Indem er in Ermangelung von Nahrung Bedeutungen verschlingt, ist ihr Körper ein zu umfassendes, in sich zu widersprüchliches Zeichen geworden.

Clarissas fiktionales Hungern mit den in Long Kesh ausgetragenen Kämpfen zu vergleichen bedeutet also nicht, die entsetzliche Realität der politischen Ereignisse in Irland zu verkennen. Schließlich wird der Krieg in Nordirland auch mit Worten geführt, weswegen ihn zum Beispiel Liz Curtis einen »Propaganda-Krieg« genannt hat.[31] Der Grund dafür, daß der Irische Hungerstreik Erfolg hatte, während andere Formen des Protestes oft keine Wirkung erzielten, besteht nicht darin, daß er Menschenleben forderte, sondern daß er so dramatisch und spektakulär war. Nicht durch das Hungern an sich, sondern dadurch, daß sie ein Theaterstück daraus machten, beschämten die Gefangenen ihre Unterdrücker und erwarben sich die Sympathien ihrer Glaubensgenossen. Je mehr das Fleisch ihres Körpers verfiel, desto beredter wurde dieser, bis sein Dasein durch seine Aussage ausgelöscht wurde. Aber Clarissas Körper spricht eine andere Sprache; indem man jedoch das brüderliche Hungern der Häftlinge in den H-Blocks mit ihrer einsamen Hungerarbeit vergleicht, entfaltet sich eine Grammatik des Hungerns.

»Und ist dies alles! – Ist dies die ganze Geschichte meiner CLARISSA?« (1402)[32] Mit diesem Ausruf tritt Anna Howe, Clarissas Vertraute, am Ende des Romans, der in den Sarg gebetteten Leiche ihrer Freundin gegenüber. Das ist ein merkwürdiger Epitaph für einen solch langen und umfassenden Text, klingt es doch so, als ob Clarissas Geschichte gar nicht abgeschlossen, sondern vorzeitig beendet worden sei, und die Heldin gestorben, bevor sie überhaupt eine Chance gehabt hatte, zum Leben zu erwachen. Nach Hunderten von weitschweifigen Seiten läßt der Roman den Leser mit dem Mysterium des Ungesagten und des Ungeborenen zurück. Was ist nur mit Clarissas Geschichte geschehen? »Man kann nie sicher sein«, meint Terry Castle, da Richardsons »schlingernder, erschöpfender Text mit seinen geheimnisvollen Brüchen und Ausschweifungen« das Prinzip kohärenten Erzählens in Frage stellt.[33] Jeder Strategie, die Früchte trägt, stehen ein Dutzend totgeborene gegenüber, und jede Inhaltsangabe des Textes unterschlägt diese vereitelten Pläne und zerstörten Träume. An einem Punkt phantasiert Lovelace, daß Clarissa ihm Zwillingssöhne schenken wird, aber diese Kinder werden nie wirklich geboren, weil Clarissa, obwohl sie in den letzten Büchern des Romans in den Wehen liegt, den Tod gebärt und nicht das Leben. Diese nicht ausgetragenen Kinder scheinen, wie ihre falsch ausgetragene Post, für all die unerreichbaren Szenarien des Romans zu stehen. Clarissas Körper, der keine Nahrung aufnimmt und keine Nachkommen hervorbringt, repräsentiert den hungrigen Kern dieses dicken Buches, den Mangel, der seine seltsame Fruchtbarkeit nährt.

Zu Beginn des Romans liegt Clarissa mit ihrer Familie im Krieg, deren Mitglieder ihren neuerworbenen Reichtum

um jeden Preis vermehren wollen, indem sie Clarissa mit einem reichen Mann verheiraten. Clarissa ist immer ein bevorzugtes Kind gewesen, und sie glaubt, daß ihr Niedergang schon einsetzte, als der sie vergötternde Großvater ihr sein gesamtes Vermögen vermachte und so die weniger begünstigten Geschwister gegen sie aufbrachte: »Jenes Neid erweckende Erbe ist der ursprüngliche Grund all meines Unglücks gewesen« (754). Lovelace, ein aristokratischer Libertin, macht Clarissa Avancen, aber obwohl er aufgrund seines Standes und seines Geldes ihrer aufstrebenden Familie genehm sein müßte, hat er bereits ihren Bruder James gegen sich aufgebracht, indem er ihn im Fechten besiegte. James ist entschlossen, Lovelaces Pläne zu vereiteln, und treibt einen Rivalen um die Hand Clarissas auf: Mr. Solmes, eine wahrhaft schaurige Erscheinung. Er ist fettleibig und moralisch verkommen, aber sein größter, unverzeihlicher Fehler ist, daß er abscheuliche, von Schreibfehlern wimmelnde Briefe schreibt: in diesem Roman deformiert die bourgeoise Gier sowohl das Fleisch als auch das Wort, sie läßt das eine anschwellen und entstellt das andere. Um den schneidigen Lovelace zu düpieren und seine Schwester für ihre Erbschaft und ihren unerträglichen Liebreiz zu bestrafen, überredet James seine Familie dazu, Clarissa zu einer Ehe mit diesem widerwärtigen Geschöpf zu zwingen.

Deswegen wird Clarissa in ihrem Zimmer eingesperrt und darf nicht einmal Briefe schreiben. Mit Hilfe eines geheimen Vorrats an Schreibmaterialien und einer unerschrockenen Zofe schafft sie es jedoch, dieses Verbot zu umgehen. Je mehr ihre Familie sie in die Arme von Solmes treibt, desto mehr muß sie bei dem Mann Schutz suchen, dem es vorherbestimmt sie, sie zu zerstören.

Sarkophagie

Viele Leser des Romans – vor allem männliche Leser – sind Lovelaces regem Geist und seiner Schlagfertigkeit erlegen, aber Clarissa widersteht seinem Charme. Mehr noch, sie fürchtet Lovelace sogar; aber sie läßt sich auf seine Intrigen ein, um dem erbarmungslosen Druck, den ihre Familie auf sie ausübt, zu entkommen. Nachdem er sie, gegen alle Verbote, zu einem Briefwechsel mit ihm verführt hat, bringt er sie durch einen Trick dazu, mit ihm zu fliehen: er droht, daß er sonst Gewalt gegen ihre Familie anwenden würde. Er verbirgt sie in einem Haus in London: »einem Hinterhaus innerhalb eines Vorderhauses«, das – seiner respektablen Fassade zum Hohn – nichts anderes als ein Bordell ist (491). Die Leitung dieses Bordells liegt in den Händen einer Kupplerin namens Sinclair: kein Vorname, kein Titel. Das Haus ist aufs beste mit Schlössern und Riegeln ausgestattet; ihrer bedient sich Clarissa, um ihre Ehre zu verteidigen, als Lovelaces Avancen immer heftiger werden. Bald jedoch ist er es, der sie einschließt, so wie es vorher ihr Vater getan hatte. Er wirbt zunächst mit einer Art von militärischem Comment um sie; aber als sie sich ihm in ihrer Tugendhaftigkeit hartnäckig verweigert, vergewaltigt er sie. Nachdem sie eine Zeitlang im Delirium gelegen hat, schafft sie es schließlich zu fliehen. Lovelaces Lakaien bleiben ihr jedoch auf den Fersen und hecken einen Plan aus, um sie vollends zu erniedrigen: Clarissa wird auf offener Straße verhaftet, weil sie angeblich Sinclair Geld für ihr Zimmer und ihre Verpflegung schuldet. Unter diesem Vorwand wird sie erneut eingekerkert, diesmal jedoch unter der Ägide des Gesetzes und in den Räumlichkeiten eines Polizisten namens Rowland. Lovelaces Vertrauter und Korrespondenzpartner, Belford, der die ganze Zeit über in

Clarissas Leidensgeschichte eingeweiht gewesen ist, empfindet diese zu Unrecht erfolgte Verhaftung als so ungeheuerlich, daß er die Rolle des gewissenlosen Lebemanns aufgibt und sie aus Rowlands Gefängnis befreit. Von diesem Punkt des Geschehens an wird Lovelaces zwanghaftes Verlangen, Clarissa zu verführen, von ihrem ebenso stark ausgeprägten Trieb zu sterben überlagert. Um zu ihrem Ziel zu gelangen, verweigert sie systematisch jede Art von Nahrungsaufnahme; Richardson zählt in seiner üblichen weitschweifigen und umständlichen Art jede ihrer ungegessenen Mahlzeiten auf. In ähnlich penibler Weise kümmert sich Clarissa um ihren Tod; sie überläßt nichts dem Zufall. Sie kauft sogar einen Sarg, den sie mit ihrem eigenen Lebensrätsel schmückt, und schreibt auf dessen Deckel ihre verzweifelten Briefe. Trotz ihres herzzerreißenden Flehens treffen die Briefe, in denen ihre Familie ihr vergibt, zu spät ein, und Clarissa stirbt – entehrt, verwünscht und enteignet. Sie hinterläßt ein langes und kompliziertes Testament, in dem sie tugendhafte Maximen genauso freigiebig verteilt wie ihre weltlichen Besitztümer. Sie bittet außerdem darum, daß man für das ihr Angetane keine Rache nehmen soll. Dennoch spürt ihr Cousin Morden den keinerlei Reue zeigenden Lovelace auf und nimmt Vergeltung für die Vergewaltigung, indem er dem Schänder Clarissas ein Rapier ins Herz stößt. Es scheint so, als ob alles Unrecht, das in diesem Roman der Frau angetan wird, dieser Vergewaltigung eines Mannes, dieser finalen Penetration, den Weg bahnt.

Aber diese Ereignisse machen nur einen Teil von Clarissas Geschichte aus. Der andere und wichtigste Teil besteht aus dem Brief-Verkehr, *in* ihm wird ihre sexuelle Katastrophe geschildert, und *durch* ihn wird sie nachvoll-

zogen. Erzählt wird vom Mißgeschick der Briefe, in dem sich das Mißgeschick der Heldin spiegelt: ihre Briefe gehen – wie ihre Person – von einem Mann zum anderen, sie zirkulieren zwischen ihnen, werden ständig mit falschen Adressen versehen und falsch verstanden. Genau wie ihre Briefe in Umschläge gesteckt werden, die anderen Leuten gehören, wird ihr Körper in anderer Menschen Mauern eingeschlossen – und, was schlimmer ist, ihr Körper wird wie ihre Briefe abgefangen, sein Siegel wird erbrochen und seine Botschaft gefälscht.

Clarissas Vater ist sozusagen der Angelpunkt des ökonomischen Systems des Textes, denn er ist es, der den sexuellen, sprachlichen und finanziellen Austausch kontrolliert und auf diese Weise die Personen zusammenbringt, die Clarissas Untergang bewirken. Aber obwohl er den Handel mit Frauen, Geld und Brief-Sendungen steuert, steht er über allen Turbulenzen, die sich daraus ergeben. Er schreibt keine Briefe und erhält auch keine, er tritt selten auf und zumeist in Gestalt von Stellvertretern, und seine Autorität wird von einem Delegierten zum nächsten weitergereicht. In diesem Sinne verkörpert er die Leere, die jedem Brief-Verkehr zugrundeliegt, denn Briefe sind für ihre Existenz auf die Abwesenheit eines der Partner angewiesen, auf die Kluft zwischen Briefschreiber und Briefempfänger. Es ist mehr sein Name, der die Familie regiert, als seine körperliche Anwesenheit, und dieser Name dient dazu, ein viel komplizierteres Repressionssystem zu verschleiern, als jenen »Absolutheitsanspruch«, den Clarissa dem Fetisch des Paternalismus zuschreibt. Der Roman deutet sogar an, daß es nicht der Vater ist, der Clarissa zerstört, sondern vielmehr die Abwesenheit einer höchsten Autorität, die die Moral und

die Bedeutung ihrer Welt garantiert. Wie sie selbst es ausdrückt: »Nichts Geringeres als das Eingreifen väterlicher Autorität [...] hätte mich retten können« (989).
Richardson stellt eine Welt dar, in der alle Subjekte in netzwerkartige Austauschsysteme verwickelt sind, die ihr Begriffsvermögen übersteigen und ihnen die Freiheit des Handelns nehmen. Das Schicksal der Akteure wird von umlaufenden Briefen bestimmt und nicht von einem menschlichen Willen; und so wie Briefe fehlgeleitet werden, nehmen auch die Pläne der Figuren einen anderen Verlauf; ihre Worte und Taten haben ganz andere Konsequenzen, als beabsichtigt war. (Wie es *Hamlet* formuliert, jenes Stück, das besessen ist von den Launen der Post: »Nur die Gedanken, nicht ihr Ziel, sind unser.«) Die Harlowes zum Beispiel glauben, daß Lovelace ihr Feind ist; immer wieder wird jedoch darauf angespielt, daß sie insgeheim mit ihm zusammenarbeiten. Er selbst prahlt des öfteren damit, daß Clarissas Familie – ohne es zu wissen – zu seinen Gunsten konspiriert: »Ihr Vater hat gestürmt, wie ich ihn zu stürmen dirigierte« (517). Aber Clarissa trifft eher ins Schwarze, als sie erkennt, daß Lovelace derjenige ist, der den Fluch ihres Vaters, als »Buchstabe« des väterlichen Gesetzes, erfüllt: »Meines Vaters fürchterlicher Fluch hat sich bereits an mir erfüllt – bis auf den letzten Buchstaben, zumindest in diesem Leben« (899). Denn der Vater hat sie dazu verurteilt, ihre Strafe »hier und im Jenseits durch jenen Schurken« zu empfangen, »in den du dein ganzes teuflisches Vertrauen gesetzt hast« (509). Lovelace verkörpert den »Buchstaben« des Gesetzes, um Clarissas Ausdruck zu verwenden, insofern er den Urteilsspruch ihres Vaters buchstabengetreu vollzieht – und Clarissa tötet. Er nimmt immer

mehr die Rolle des Vaters ein, zuerst indem er Clarissa gefangensetzt, und später, indem er ihr jede Korrespondenz verbietet, bis es schließlich kaum noch möglich ist, den Despoten und den Saboteur voneinander zu unterscheiden.

Lovelace nennt sich sogar einen Vater oder genauer einen väterlichen »Namensgeber« (569), da er Clarissa jedesmal, wenn er sie zu einer anderen Bleibe bringt, einen neuen Namen gibt. Das heißt, der *Eigen*name drückt nicht mehr das aus, was dem Selbst *eigen* ist, sondern dient der Ent*eignung*. Indem er das väterliche Vorrecht usurpiert, einen Namen zu geben, versucht Lovelace sich der Post zu bemächtigen, das heißt jenes System von Namen und Adressen unter seine Kontrolle zu bringen, das jedes Subjekt auf einen bestimmten Platz verweist: »Die Post [...] wird strengstens überwacht werden«, erklärt er (817). Dies ist ein Grund dafür, daß er sich selbst als Merkur, den Gott des (Brief-)Verkehrs, sieht (551). Aber Merkur war gleichzeitig der Gott der Diebe, und auch Lovelace vereinigt diese beiden Rollen in seiner Person, weil er Clarissas Briefe stiehlt, so wie er sich ihres Fleisches bemächtigt; das englische Wort für ›vergewaltigen‹, ›to rape‹, bedeutete ursprünglich ›rauben‹.[34]

Lacan stellt in seinem Essay über Edgar Allan Poes Erzählung »The Purloined Letter« (»Der entwendete Brief«) die Frage: »Wem gehört ein Brief?«[35] Natürlich ist es unmöglich nachzuweisen, ob ein Brief dem Schreiber oder dem Empfänger gehört. In diesem Sinne ist die Post Diebstahl und jeder Brief ein »entwendeter« Brief. In *Clarissa* kann Lacans Frage in abgewandelter Form auf die Heldin angewendet werden: wem gehört eine Frau? »Ich gehöre niemand«, klagt sie – sie gehört nicht einmal

sich selbst (1413). Von dem Augenblick an, in dem sie zuläßt, daß der fatale Brief ihren Machtbereich verläßt und ein Rendezvous mit Lovelace im Garten vereinbart, verliert sie auch die Kontrolle über ihren Körper (343). Denn dieser Brief führt zu ihrer Entführung, nach der sie selbst ein Brief wird, der keinen Besitzer hat und nicht wieder eingefordert werden kann. »Mein Leben liegt in meiner eigenen Hand, meine Person aber nicht«, ruft sie an einer späteren Stelle des Romans und fuchtelt mit einem Federmesser vor ihrer Brust herum (938); sie kann aber nicht Selbstmord begehen, weil sie eine Kreatur Gottes ist und »nicht [ihre] eigene« (341). Vater- und gattenlos kann sie noch nicht einmal Anspruch auf einen eigenen Namen erheben. »Ich weiß nicht, welches mein Name ist!« klagt sie verzweifelt (890). Lovelace macht sich das zunutze: »Und wessen Eigentum, frage ich dich, werde ich an mich bringen, wenn ich meine Liebes- und Rachepläne verfolge?« (717) Für Lovelace wäre Clarissas Flucht »das größte aller Verbrechen«, weil »sie sich selbst gestohlen haben würde« (757). »Wem gehörte sie, als sie lebte?« fragt er. »Wem gehört sie als Tote außer mir?« (1384) Das Hungern stellt Clarissas letzten Versuch dar, ihr eigener Urheber zu sein, durch das Hungern erhält sie ihren Namen zurück, aber erst als sie in ihrem Sarg eingeschlossen ist.[36] Was liegt in einem Namen? In *Clarissa* lautet die Antwort – wie in *Romeo und Julia*, der Quelle des Romans – der Tod.

Lovelace entführt Clarissas Namen, lange bevor er ihrer Person Gewalt antut, und die onomastische Vergewaltigung scheint die körperliche Defloration notwendig zu machen. Denn in diesem Text wirkt eine seltsame Logik, eine Art von Traum-Logik, die bestimmt, daß Worte zu

Taten werden und alles, was ausgesprochen, auch ausgeführt wird. So werden die Figuren von den nicht intendierten Bedeutungen ihrer Worte überwältigt, die ihnen in Gestalt von Fleisch und Blut gegenübertreten. Wenn Clarissa zum Beispiel die »Sünde der unerlaubten Korrespondenz« (165) bereut, bezieht sie sich offensichtlich auf ihre Briefe, aber die Vergewaltigung verleiht diesem Brief-Verkehr eine körperliche Form und gibt den verbotenen Worten fleischliche Gestalt. Der Ausdruck »unerlaubte Korrespondenz« suggeriert auch einen Verstoß gegen die Semantik, gegen die Korrespondenz von Zeichen und Bedeutung. Denn Lovelace lockt die Heldin in eine Wildnis, wo Wörter und Bedeutungen, wie Namen und Adressen, nach seiner Laune neue Verbindungen eingehen. Tatsächlich ist Clarissa über seine semantischen Unanständigkeiten mindestens genauso schockiert wie über seine erotischen Übergriffe. Er behauptet, Wörtern die Bedeutungen geben zu können, die er wünscht, es sind aber nur die Frauen, die unter seiner sprachlichen Skrupellosigkeit leiden. Viele Interpreten sehen ihn gern als einen Dekonstruktionisten avant la lettre, aber Lovelace stellt niemals wirklich die Regeln der Referenz in Frage. Im Gegenteil: er setzt diese Regeln nur im Umgang mit Frauen außer Kraft, damit er seine Bande mit Männern verstärken kann. Wie Colonel Morden bemerkt: »Es ist wirklich eine seltsame Freiheit, die sich Männer mit freien Anschauungen herausnehmen; sie würden bis zu ihrem Tod unter der Anschuldigung leiden, sie seien dazu fähig, einem Mann die Unwahrheit zu sagen, haben aber keine Skrupel, die heiligsten Eide und Versprechen, die sie einer Frau gegenüber gegeben haben, zu brechen« (1283). Die Lügen, die Lovelace Frauen gegenüber erzählt, sind zum

Gradmesser für seine Wahrhaftigkeit gegenüber Männern geworden. Frauen müssen ihre Ehre, ihre Jungfräulichkeit verlieren, damit Männer Ehre und Wahrhaftigkeit gewinnen können: das Wort eines Ehrenmannes ist von der Unterjochung des Fleisches einer Frau abhängig.

Aus diesem Grund schildert Lovelace in seiner Korrespondenz mit seinen Freunden in obsessiver Weise die Belästigungen, denen er Clarissa unterwirft. Clarissa muß entehrt werden, damit der Diskurs zwischen den Männern aufrechterhalten und ihr homosozialer Zusammenhalt gefestigt werden kann.[37] Lovelace legt oft Clarissas Briefe in seine eigenen an Belford, damit dieser sich an ihnen erfreuen kann; auf diese Weise zwingt er sie dazu, als Vermittlerin der Liaison mit seinem befreundeten Lebemann zu fungieren. Tatsächlich gibt Lovelace mehr oder weniger zu, daß Clarissas Verführung lediglich ein Vorwand war, um mit seinen männlichen Mitverschwörern Briefe auszutauschen. Als Clarissa nach der Vergewaltigung flieht, beklagt er nicht ihre körperliche Abwesenheit, sondern die Tatsache, daß er »das einzige Thema verloren hat, über das zu schreiben sich lohnt« (1023). Dieser Ausdruck zeigt, daß seine Leidenschaft in bezug auf die Liebe der Schreib-Akt, nicht der Akt der Liebe selbst ist. »Was, so habe ich schon oft gedacht, ist der Genuß der schönsten Frau der Welt gegenüber dem, den das Aussinnen, das geschäftige Treiben, die Überraschungen und schließlich die glückliche Beendigung einer gut-fundierten Handlung [plot] bietet?« (920) Hier könnte sich der Ausdruck »plot« auf sein Erzählen von Ereignissen beziehen, aber auch auf die Intrigen, die er spinnt und über die er berichtet. Und Schreiben ist in diesem Text so sehr von Begierde begleitet, daß es ein regelrechtes Laster dar-

stellt. Lovelace komponiert seine Briefe mit einem Eifer und einer Heimlichtuerei, die Zeichen einer Perversion sind. In einer Passage, die für ihre Doppeldeutigkeiten berühmt ist, setzt Anna Howe Clarissa davon in Kenntnis, daß Lovelace »bekanntermaßen, nein, wie er selbst eingesteht, ein Mann ist, der dem Vergnügen lebt [...]. Er ruht, wie es scheint, nicht mehr als sechs Stunden von den vierundzwanzig eines Tages [...]. Er genießt es zu schreiben [...], er hat immer eine Feder in den Fingern, wenn er sich zurückzieht [...], seine Gedanken fließen ihm rasch in die Feder« (74). »*Du rühmst dich deiner Feder*«, wirft Clarissa ihm vor (1174).[38] So sind Lovelaces Angriffe auf Clarissas Tugendhaftigkeit in erster Linie Vorwand für die onanistischen Vergnügungen seiner »Feder«. Wenn er sie schließlich vergewaltigt, so tut er dies eher aus Trotz als aus Lüsternheit, und er fühlt sich danach frustriert und verwirrt, weil er den Gesetzen seiner Libido, die die Ersetzung des Fleisches durch das Wort verlangt, zuwidergehandelt hat. In diesem Roman wird die Freudsche Erkenntnis, daß Schreiben eine Sublimierung der Begierde ist, auf den Kopf gestellt, denn für Lovelace ist Sex nur ein dürftiger und enttäuschender Ersatz für das Schreiben von Briefen. Die Vergewaltigung ist für ihn ein Mittel, mit dem er seiner Graphomanie Erleichterung verschaffen will, seiner fatalen Gier nach Tinte, weil er »das einzige Thema, über das zu schreiben sich lohnt«, verloren hat. Da Clarissa ihn seiner Worte beraubt hat, ist er gezwungen, seinen Abdruck auf ihrem Fleisch zu hinterlassen, das Schreiben von Briefen durch die Anwendung körperlicher Gewalt zu ersetzen.

An diesem Punkt des Geschehens unternimmt es Clarissa, das Fleisch wieder in Wörter zurückzuverwandeln. Dies bewerkstelligt sie durch Hungern; durch den Tod erlangt sie die Beschaffenheit eines Briefs, sie schließt sich selbst in den Sarg wie in einen Umschlag ein. Ihre Abstinenz beginnt aber schon viel früher, als sie vom Tisch der Familie verbannt und im väterlichen Haus gefangengesetzt wird. Anders als Miss Havisham, einer weiteren literarischen Anorektikerin, die während ihrer einsamen nächtlichen Wanderungen an etwas knabbert, oder der modernen Bulimikerin, die um Mitternacht den Kühlschrank plündert, gefällt es Clarissa, in Gesellschaft zu speisen. In die Abgeschiedenheit gezwungen, begnügt sie sich mit Fastenkost. David Herlihy hat die Familie als eine Gruppe von Menschen definiert, die gemeinsam essen;[39] da Clarissa die Welt als »eine große Familie« ansieht, scheint ihr Hungern eine Flucht vor der Menschheit insgesamt darzustellen. Als Lovelace sie beleidigt, ruft sie aus: »Ich kann nicht essen«, weil »ich nicht an einem Tisch mit ihm sitzen kann!« (798) Wenn der Eßtisch den Gesellschaftsvertrag verkörpert, verkörpert er auch die Welt der Sprache. Nachdem man sie von ihm verbannt hat, schreibt Clarissa, weil sie gezwungen worden ist, »ihre Rede einzuschließen« (879). Weil sie unfähig ist, mit denen, die sie quälen, unmittelbar zu kommunizieren, nehmen ihre Briefe die Stelle von Stimme und Nahrung ein.

»Aus welchem Grund sollte ich essen?« fragt sie. »Ich werde weder essen noch trinken« (895). Indem sie sich weigert zu essen, weigert sie sich auch, *gegessen zu werden*, ihren Körper der Gier ihrer Familie zu opfern. »Töchter sind Hühner, die für die Tafeln anderer Männer

großgezogen werden« (77), kichert James Harlowe einmal, als Mr. Solmes Clarissa hungrig anglotzt; und Lovelace wird später als »Frauen-Fresser« (1216) gebrandmarkt. Obwohl ihre Familie sie zu beruhigen versucht, indem sie sagt: »Mr. Solmes wird dich weder essen noch trinken« (267), lassen diese bildlichen Ausdrücke den Verdacht aufkommen, daß Ehe nur ein Euphemismus für Gynophagie ist. Es ist bedeutsam, daß die Männer, die für die Zerstörung Clarissas verantwortlich sind, alle an schweren Verdauungsstörungen leiden, so als ob sie das Frauenfleisch, das sie verschlingen, nicht verdauen könnten. Wenn Clarissa eine Anorektikerin ist, dann ist ihr Vater ein Bulimiker, der an den Brocken, die er in seiner Gier herunterschlingt, würgen muß, »seine ungewöhnliche Prosperität vergrößert nur seine Ungeduld« (55). Seine Krämpfe verbreiten sich im Text – wie seine Verbote – infektionsartig, es sind somatische Symptome dafür, daß seine Macht von einer Figur zur nächsten weiterwandert. Die »überbrodelnden Tumulte« von Clarissas Bruder sind ein gutes Beispiel (1163). Lovelaces Magen ist so ›aufgewühlt‹ wie sein Briefstil mit seinen »plötzlichen Anwandlungen und Anfängen und Ausfällen«, »halb-erstickten Ausbrüchen« und »unwillentlichen Erregungen« (458, 520). Indem er bei sich selbst Erbrechen auslöst, bringt er Clarissa dazu, zärtlich zu ihm zu sein, und dieser gastrische Orgasmus (673–679) nimmt schon die Krämpfe sexueller Erregung bei der Vergewaltigung Clarissas voraus. Sogar seine letzten Worte – »Möge dies zur Wiedergutmachung dienen!« – entströmen seinem Mund wie ein Erguß, wie eine »Ejakulation« (1488). Aber mehr noch als Lovelace usurpiert Sinclair die Rolle des Vaters, denn sie verkleidet sich als Mann,

und ihr Haus voller Huren karikiert das Haus der Harlowes, das voller Männer ist. Wie Harlowe nährt sich Sinclair vom Verkauf von Frauenkörpern; in dem Maße, in dem Clarissa dahinschwindet, wird sie dicker. Während ihr Fett zum phobischen Sinnbild für sexuelle und ökonomische Ausbeutung wird, dient es auch dazu, jeder Kritik an diesem System die Spitze abzubrechen, sie in sichere und wohlbekannte Misogynie münden zu lassen. Vor Qualen »schäumend, rasend, brüllend«, von ihren eigenen »Akkumulationen«, dem »riesigen, schwabbeligen Kadaver« ihres Fleisches verschlungen, stirbt Sinclair den Tod, den Richardson dem Vater ersparen muß: buchstäblich vom eigenen Fett aufgefressen (1388, 1397). Denn der Roman verdammt keineswegs das Patriarchat, er beklagt im Gegenteil, daß es so untätig ist und alle Macht an Betrüger abgibt, die den Handel mit Frauen und Briefen kontrollieren.

Nach der Vergewaltigung schlägt Clarissas Abstinenz in ein Selbst-Aushungern um. Ihre Anorexie ersetzt ihre Jungfräulichkeit, in dem Sinn, daß ihr Mund das zurückweist, was ihre Vagina nicht abweisen konnte. Sie hungert, um jeden Verkehr mit einer Welt, die in jede ihrer Körperöffnungen einzudringen droht, zu verweigern. Als sie im Hause Rowlands eingesperrt ist, machen Sinclairs Huren ihr wegen ihres Fastens Vorwürfe und ziehen sie wegen ihrer Frömmigkeit auf: »Deine Religion [...] sollte dich lehren, daß es Selbstmord ist, sich zu Tode zu hungern« (1054). Genau wie die katholischen Gefangenen in Long Kesh, die ihre Leute und ihre Priester davon überzeugen mußten, daß Hungern und nicht Selbstmord das Mittel ihres Protestes sein sollte, muß Clarissa ihr Fasten rechtfertigen.[40] Wie die heiligen Anorektike-

rinnen Katharina und Theresa erklärt sie, daß sie essen würde, wenn sie es nur könnte: »Nichts von dem, was ihr nährend nennt, wird in meinem Magen bleiben« (1129). Die Art und Weise, in der ihre Aufseherinnen ihre dahinschwindende Figur rühmen, hat für uns etwas unfreiwillig Komisches an sich, da es so ›modern‹ wirkt: es erinnert daran, wie die Tagespresse die Training-Camps von Jane Fonda mit Beifall bedenkt oder Prinzessin Dianas zwanghaftes Fasten. Betty, Clarissas widerwärtige Kammerzofe, wundert sich, daß ihre Herrin nichts ißt und dennoch »nie reizender ausgesehen« hat (263), während Belford völlig davon überwältigt ist, daß sie »ein so liebreizendes Skelett« ist (1231).

Als ihr Tod herannaht, sagt Clarissa zu Belford: »Ihr müßt erkennen, daß ich mich von Tag zu Tag verzehrt [consumed] habe.« Zunächst einmal meint sie damit, daß ihr Körper dahinschwindet, und hat im medizinischen Sinne recht, denn der hungernde Körper verzehrt sich in Ermangelung anderer Nahrung wirklich selbst. Betty wirft ihr dies vor: »Ihr habt in letzter Zeit von Luft gelebt und hattet keinen Geschmack für etwas anderes.« Der Grund dafür ist, daß »*Eure Hartnäckigkeit euren Magen verzehrt*« hat und »*Sturheit Fleisch, Trank und Kleidung für Euch ist*« (264f.). (In diesem Zusammenhang ist es interessant, daß Richard Morton, dem man allgemein die Entdeckung der Anorexie zuschreibt, sie als eine Art von »Auszehrung« oder »Schwindsucht« bezeichnete, und sie erst im 19. Jahrhundert von William Gull als eigenständige Krankheit eingestuft wurde.[41]) Aber Clarissas Satz ist so formuliert, daß es unklar bleibt, ob sie an der Schwindsucht stirbt oder sich aus ethischen Gründen selbst auszehrt, ob sie einen Verfall erleidet oder selbst

herbeiführt. Diese Anbiguität ist vielsagend, denn mit ihrer Krankheit leistet sie nicht nur ihrer Familie Widerstand, sondern macht sie gleichzeitig auch deren frauenverzehrendes Wertsystem zu eigen. Indem sie jede Art von Zuführung von außen zurückweist, parodiert sie die aufgeblasene Selbstsicherheit ihrer Klasse, legt sie die Absurdität und Tödlichkeit des Glaubens offen, daß Subjekte autonom und unabhängig sind. Auf einer metaphorischen Ebene bestätigt aber ihr Todesstreben die Weltanschauung ihrer Familie, denn der Tod ist, wie Anna Howe es formuliert, »ein so gieriger Anhäufer wie jene selbst« (68).

Das Thema der Selbst-Auszehrung taucht schließlich in einer Verzierung auf Clarissas Sarg wieder auf: eine Schlange beißt sich in den eigenen Schwanz (1305):

> Das Hauptornament, sauber in eine Platte aus weißem Metall geätzt, ist eine gekrönte Schlange, die ihren Schwanz im Maul hält, das Sinnbild der Ewigkeit, und in dem so gebildeten Kreis befindet sich diese Inschrift:
>
> CLARISSA HARLOWE.

Die Schlange, das Sinnbild der Ewigkeit, könnte auch für Zirkulation, Sich-selbst-Aufzehren oder Gefangenschaft stehen, drei Faktoren, die zu Clarissas Tragödie beitragen. Sie wird dem Konsumsystem ihrer Gesellschaft zum Opfer gebracht, sie stirbt, um sicherzustellen, daß Frauen, Geld und Briefe in alle Ewigkeit umlaufen können. Je mehr ihr Körper dahinschwindet, desto üppiger wuchern ihre Briefe; nach der Vergewaltigung braucht es mehr als fünfzig Briefe, bis sie sich genügend ent-fleischt

hat, um sterben zu können. Tatsächlich schreibt sie sich in ihren Sarg – oder genauer – in ihren *Sarkophag*, den die Ägypter so nannten, weil er die in ihn gebettete Leiche auffressen sollte. Der Roman deutet an, daß Schreiben selbst ein Prozeß der Sarkophagie, der Leichenfresserei ist, denn Clarissas Briefe verzehren den Körper dessen, der sie verfaßt.

Clarissas Briefe initiieren ihren Untergang; es ist ihre »unerlaubte Korrespondenz«, die sie in die Netze ihres Vergewaltigers treibt. Aber diese Briefe dienen auch dazu, ihre Ehre wiederherzustellen, nachdem sie gestorben ist; der ganze Roman wird rückwirkend zu einem Dossier, das zu ihrer Verteidigung und Freisprechung herangezogen wird. »Was für eine Streitmacht von Briefen sie gegen mich aufgestellt hat«, ruft Lovelace aus (1473).[42] In ganz ähnlicher Weise begannen die Insassen von Long Kesh eine verbotene Korrespondenz, die später zu einer Art Erinnerungsbuch wurde, in dem ihre Hungerzeit festgehalten ist. Sie ersannen ein geheimes Post-System, das es ihnen ermöglichte, sich untereinander Nachrichten zukommen zu lassen und mit ihren Führern ›draußen‹ zu kommunizieren. Diese Botschaften wurden kurz »comms«, also »communications« genannt. Sie wurden auf Zigarettenpapier geschrieben, das man zu winzigen Kügelchen zusammenballte, in Zellophanhüllen steckte und in den Körperöffnungen aus der Zelle schmuggelte.[43] Mittels dieser Briefe verfaßten die Gefangenen nach und nach den ›Briefroman‹ ihres Hungerstreiks. Aus den »comms« hat David Beresford ihre Geschichte rekonstruiert und 1987 unter dem Titel *Ten Men Dead* (»Zehn Männer tot«) veröffentlicht. Je weniger sie

aßen, desto mehr schienen sie zu schreiben. Ihr Hungern ließ – ähnlich wie im Fall Clarissas – eine besonders weitschweifige und begierige Art des Schreibens entstehen: Wörter strömten in die Leere, die die Nahrung nicht füllte. Daß diese Literatur sowohl in *Clarissa* als auch unter den Gefangenen von Long Kesh Briefform annahm, überrascht nicht, denn Nahrung ist der erste Brief, den wir erhalten, der erste »comm«, der von jemand anders in unseren eigenen Körper hineingesteckt wird. »Am Anfang war die Post«, witzelt Derrida.[44] Folglich wäre freiwilliges Hungern ein Anti-Brief, ein Der-Post-Abschwören. Aber diese Weigerung, das Fleisch dem Joch dieser Post zu unterwerfen, ließ in einem überkompensatorischen Akt eine andere Art Briefe entstehen, die von hungernden Körpern nur so wimmelten.

In Long Kesh traten Briefe tatsächlich an die Stelle von Nahrung, indem sie die Stellen, die der Nahrungsaufnahme und der Verdauung dienen, besetzten: den Mund, die Vorhaut, den Anus – die Stellen, an denen auch die Liebe ihr Haus errichtet hat, wie Yeats es ausgedrückt haben könnte. Der Austausch von Briefen ersetzte den Austausch von Nahrung und sexuellen Handlungen.[45] Daher decken die »comms« auch die tiefgehende Komplizenschaft von Sexualität und Textualität auf, die in *Clarissa* unter der Oberfläche verborgen lauert. Denn in *Clarissa* steht der Brief »für weibliche Sexualität, für jenen zusammengefalteten, geheimen Ort, der jederzeit einem gewalttätigen Eindringen ausgesetzt ist«, wie Terry Eagleton betont hat.[46] Clarissa und ihre ›Postbotin‹ Hannah werden so gut wie entblößt, als man sie nach Briefen, die sie in ihren Kleidern verborgen haben, absucht (120). Die Heldin selbst lädt ihre spionierende Schwester Arabella ein,

die Hand in ihr Korsett zu stecken, »um sich zu vergewissern, daß ich dort keine Papiere hatte« (366). Einmal lüftet Mrs. Harlowe – wie die phallische Mutter – Clarissas Schürze, um ihre »Pergamente« zu enthüllen, und Clarissa fährt zurück, als ob sie »eine Schlange hervorgeholt hätte« (339). Auch Lovelace versucht, lange bevor er ihr Gewalt antut, Clarissas Briefe an sich zu bringen, es gelüstet ihn nach den »Taschen«, in denen ihre Geheimnisse verborgen sind. »Was ihre Taschen betrifft, so denke ich, daß mir der Sinn nach ihnen steht«, kichert er. »Aber sie können nicht alle die Briefe enthalten, die ich gerne sehen möchte. Und doch sind die Taschen einer Frau nur halb so tief, wie sie groß ist« (569). Es ist schwer zu entscheiden, ob er ihre Worte oder ihr Fleisch begehrt, weil der Raub des einen den Übergriff auf das andere nach sich zieht. Er bezeichnet tatsächlich einen Brief, den er ihr aus dem Mieder zieht, als Papier, dem er »Gewalt angetan« hat – so als ob es sich um einen Akt der epistolaren Notzucht gehandelt hätte (572).

Zu Lovelaces Entzücken sind die Körper der Frauen voller ›Taschen‹ – und vielleicht haben Männer, weil sie wegen dieser natürlichen Taschen neidisch auf die Frauen sind, einen solchen Überfluß an Taschen in ihren Kleidern. In Long Kesh wurden die Aushöhlungen des männlichen Körpers für wertvoller erachtet als seine sonst so gepriesenen Protuberanzen. Tiefe und nicht Länge wurde zum Maßstab für geschlechtliche Überlegenheit; die Gefangenen schoben sich die »comms« hinter ihre Zähne, stopften sie sich in die Nasenlöcher oder in den After. Ein Gefangener soll einen Rekord aufgestellt haben, indem er unter seiner Vorhaut vierzig Blättchen Zigarettenpapier verstaute. Ein anderer watschelte eines Tages nach dem

Ende der Messe mit einer »Mrs. Dale« (einem Miniaturradio), einem Bündel »comms«, Tabak, einer Kamera und einem »Rennie Barker« (einem Füller der Firma Parker) davon, die er sich alle in den Anus hineingequetscht hatte; er erwarb sich durch diese Tat den Ehrennamen »Der Koffer«. Einem Gefangenen, dessen Codename »Der Elefant« war, wurde einem »comm« von Bik McFarlane zufolge von einem Aufseher seine »Arznei« weggenommen. »Arznei« war das Codewort für ein Radio, das man einer populären Seifenoper der BBC zu Ehren auch »Mrs. Dale« nannte. Bei diesen Radios handelte es sich um winzige Kristall-Detektoren, die in Plastikröhrchen für Medizin untergebracht waren und auf die traditionelle Weise in die H-Blocks geschmuggelt wurden – indem man sie in den Anus schob. »Wir wickeln sie ein wie eine Fischmahlzeit«, witzelte Bobby Sands – (und es ist bezeichnend, daß ›Fish and Chips‹ traditionellerweise in Zeitungspapier, in Wörter also, eingewickelt werden). Das Radio wurde in den Zellen wieder zusammengebaut, und die Gefangenen stellten fest, daß sie mehrere Stationen empfangen konnten, indem sie die Antenne in ihrem Mund hin- und herbewegten. Der Mund, der schon zum Briefkasten geworden war, wurde so auch zur Empfangsstation, und die Körperorgane wurden in Nachrichtenorgane umgewandelt.[47]

Um die »comms« abzufangen, setzten die Aufseher vor allem eine demütigende Absuche mit einem Spiegel ein. Sie zwangen die Gefangenen dazu, sich über einem Spiegel niederzukauern, oft indem sie sich auf deren Rücken setzten und sie gleichzeitig mit Schlägen und Tritten traktierten. Mit einem Metalldetektor inspizierte man dann den Anus, und da dieses Gerät gerade griffbereit war,

schlug man mit ihm auch auf die Hoden der Gefangenen ein.⁴⁸ Nicht von ungefähr wurde der Spiegel zum Abzeichen der Macht und ihrem grausamsten Instrument; denn die herrschenden Mächte erzwangen sich ihre Oberherrschaft über Irland, indem sie die Mittel der Repräsentation an sich brachten. Während die Suche mit dem Spiegel die Männer ihrer eigenen Sprache beraubte, der »comms«, die sie in ihren Körpern verborgen hatten, versuchten die größeren Spiegel der zensierten Presse der irischen Nation die Sprache zu nehmen, die »comms« aus dem Staatskörper zu entfernen.⁴⁹

Die »comms« selbst wurden oft verfaßt, um ihre Extraktion aus den Körpern und die empörende Weise, auf welche dies geschah, festzuhalten; denn die Absuche mit dem Spiegel ließ sich nur schwer nachweisen, außer wenn sie sichtbare Zeichen der Gewalttätigkeit auf den Körpern der Gefangenen hinterließ. »Heute morgen«, schrieb ein Mann, »wurden mehr als dreißig Männer geschlagen, als sie in einen anderen Flügel verlegt wurden – alle wurden sie geschlagen, als man sie über einen Spiegel zwang. S. Finucane hat Blutergüsse an seinen Beinen. Er ist der einzige, der gezeichnet ist.«⁵⁰ Schmerz, der keine Zeichen hinterläßt, ist wie Sprache, die nicht aufgeschrieben wird, dazu verurteilt, dem Vergessen anheimzufallen. Aus diesem Grund rät Anna Howe Clarissa, ihre unglückliche Geschichte aufzuschreiben: »Schreiben solltet Ihr, denke ich, wenn Ihr nicht sprechen könnt [...], denn Worte hinterlassen keine Spuren; sie vergehen wie ein Atemzug und vermischen sich mit der Luft und können beliebig ausgelegt werden. Aber die Feder ist ein Zeuge, der alles festhält« (588). Durch das Schreiben versuchten die Gefangenen zu überwinden, was Elaine Scarry in ihrer Semiotik

des Schmerzes als dessen »Widerstand gegen Vergegenständlichung« bezeichnet hat.[51] Ihre Wörter traten also an Stelle ihrer Wunden, und in ihren Briefen wurden die Zeichen festgehalten, die die Gewalt auf ihrem Fleisch hinterlassen hatte, jene vergängliche Schrift der Grausamkeit.

Man könnte erwarten, daß die Autoren der »comms« sich auf die Weitergabe der allerwichtigsten Informationen beschränkten, vor allem in Anbetracht der Tatsache, daß das Papier so knapp war und das Zustellen der Nachrichten solche Gefahren und körperliche Unannehmlichkeiten mit sich brachte. Aber die Gefangenen zeigten eher die Neigung, ihre Worte zu verschwenden als sparsam mit ihnen umzugehen. Bei Bobby Sands, dem ersten und berühmtesten der Hungerstreikenden, schien der Appetit auf Wörter proportionell zu seiner Enthaltsamkeit, was das Essen betraf, zuzunehmen. »Er las gierig«, schreibt Beresford.[52] Überdies schrieb Sands unablässig und forderte seine Mitgefangenen auf, es ihm nachzumachen. Ein Häftling erinnerte sich: »Er las Bücher, schrieb Gedichte, las sie durch die Tür hindurch vor und ermunterte andere, ebenfalls zu schreiben. Er war überzeugt, daß in jedem von uns ein Buch steckte.«[53] Die »comms« dienten nicht so sehr dazu, anderen Mitgliedern der Gruppe Informationen zukommen zu lassen, als vielmehr sie zu grüßen und sie auf diese Weise im epistolaren Ganglion zu verankern. In einem seiner »comms« beklagt sich Sands: »Es werden, wie ich glaube, zur Zeit verschiedene Taktiken eingesetzt. Die Haupttaktik ist, glaube ich, Desinteresse zu heucheln, ein ›Uns ist das doch alles völlig egal‹, das dazu dienen soll, daß ich mich klein und unbedeutend fühle, und den Eindruck hervorrufen soll […],

Sarkophagie

daß der Hungerstreik nur in meiner eigenen Zelle stattfindet.«[54] Der Zweck der »comms« war es, diese Strategie der Isolation zunichtezumachen, und zwar auf zweierlei Weise, einmal, indem man in ihnen abwesende Kameraden ansprach, aber auch, indem man sie durch die Mauern dringen ließ, die die Körper voneinander trennten. Die »comms« ermöglichten es den Gefangenen, der Einsamkeit ihrer körperlichen Erfahrung zu trotzen, weil die Worte sich in eine Art von Schmerz verwandelten und das Übermitteln der Botschaften in eine Art von Penetration. Da es nicht möglich war, die Hungerschmerzen des anderen zu spüren, aßen sie die Wörter, in denen der Schmerz des anderen zum Ausdruck kam, oder ließen sie in die intimsten Höhlungen ihres Körpers dringen.

In einem seiner letzten Briefe gestand Sands, daß er »enttäuscht war, nie einen Brief vom ›Dunklen‹ bekommen zu haben, auch wenn er mir darin nur Auf Wiedersehen gesagt hätte«.[55] »Der Dunkle« war der Deckname von Brendan Hughes, dem kommandierenden Offizier der H-Blocks, der eine Zelle mit Sands geteilt hatte, bis dieser weggebracht worden war, um in Einsamkeit dem Tod entgegenzuhungern. Wenn man sich vergegenwärtigt, daß Sands nicht mehr lange zu leben hatte, erzeugt der Ausdruck »ein Brief vom Dunklen« einen eigentümlichen Widerhall. Die Abwesenheit des Verfassers bedeutet, daß jeder Brief letztlich aus dem Dunklen kommt, in das seine Leser irgendwann wieder zurückkehren müssen, da sie selbst so etwas wie frankierte Rückumschläge sind, die die Dunkelheit verschickt hat. Daß Sands vom »Dunklen« nichts anderes will als einen Brief, in dem dieser Auf Wiedersehen sagt, zeigt, daß der Sinn der Gefängnis-Korrespondenz letztendlich darin lag, gegrüßt

und auf diese Weise in die Bruderschaft einbezogen zu werden.[56] Im Fall von Sands war es aber um so wichtiger, daß sein Name der Gruppe eingeschrieben wurde, als sein Körper dabei war, sie für immer zu verlassen. Die »comms«, die er selbst schrieb und die er empfing, und die, die andere über ihn schrieben, dienten dazu, das Opfer an die Sache zu binden und an die Gemeinschaft, für die es leidet. Eine Botschaft von Bik McFarlane, die nach Sands Tod in Long Kesh zirkulierte, belegt dies:

> Kameraden, der Tod unseres Kameraden Bob hat uns alle mit großer Trauer erfüllt, und obwohl wir uns auf solch ein tragisches Ereignis vorbereitet hatten, hat dessen tatsächliches Eintreten uns alle betäubt. Ich empfinde einen großen persönlichen Verlust – das heißt, wir alle tun es – die Wolldecken-Männer sind mehr als Kameraden – sie sind Brüder ... Gott schütze und segne euch alle. – Bik[57]

Indem er »Kameraden« durch »Brüder« ersetzt, schreitet McFarlane vom politischen in den moralischen oder religiösen Bereich, und indem er von »ich« zu »wir« übergeht, wandelt er gleichzeitig private Trauer in ein brüderliches Solidaritätsgefühl um.

Jeder Mann, der dazu auserwählt wurde, am Hungerstreik teilzunehmen, wurde instruiert, seine persönlichen Erfahrungen im einzelnen niederzuschreiben, damit die Führer sie studieren konnten. So verfaßten sie in Gestalt von »comms« die Geschichte ihres Lebens und bewahrten sie für die Nachwelt auf. In einem gewissen Sinn ist ein Hungerstreikender schon tot, wenn er sich daran macht, seine Erinnerungen festzuhalten, denn dies be-

deutet nicht nur, daß er Nahrung zugunsten von Wörtern aufgibt, sondern auch *das Leben* zugunsten der *Legende*. »Kamerad, hier kommt's, in allen Einzelheiten«, so begann Bobby Sands seine Geschichte, wiewohl er wußte, daß jedes seiner »comms«, wie jeder Brief, den er seinem Hunger abrang, sehr gut sein Epitaph werden konnte.[58] Überdies vollzog er mit seinen autobiographischen Bemühungen die Qualen des Hungerstreiks noch einmal nach, denn beides beinhaltet eine Entleerung des Selbst. Er schrieb sein Leben auf, um seine eigene Gedenkschrift zu verfassen, aber auch um seinen Geist von der Vergangenheit zu entleeren, so wie er seinen Körper von dem Fett befreite, das für dessen Vergangenheit stand. Wie bereits erwähnt, ist Simone Weil der Ansicht, daß Hungern einen Verzicht auf die Vergangenheit bedeutet, »den ersten von allen Verzichten«, weil es den Körper von seiner zu Fett erstarrten Geschichte befreien soll. In Long Kesh trugen sowohl das Schreiben als auch das Hungern zum Vergessen bei, sie befreiten Geist und Körper von der Last der Vergangenheit. In diesem Sinn verzehrt der Autobiograph sich selbst, weil sein Fleisch von eben den Wörtern, die ihm zu einem Nachleben verhelfen, vernichtet wird.

Clarissa fastet gegen ihre Vergewaltigung, gegen den ganzen erotischen Codex, dessen barbarische Epiphanie diese Vergewaltigung darstellt. Aber Bobby Sands und seine Nachfolger hungerten, um den Codex zu erhalten, der sie von normalen Strafgefangenen unterschied. Ihr Hungern war wie das Clarissas der Kampf um das Zeichen: denn ein und derselbe Gewaltakt kann als Revolution oder als Verbrechen *bezeichnet werden,* ein und

derselbe Akt als Vollzug der Ehe oder als Vergewaltigung – es hängt nur von der Macht und der Rechtsprechung dessen ab, der spricht.[59] Um Pompejus' tiefgründige Tautologie aus Shakespeares *Maß für Maß* zu zitieren, jedes Geschäft ist legal, »wenn das Gesetz es erlaubt«. In Nordirland hat die britische Regierung – wie Lovelace in *Clarissa* – den »namengebenden Vater« gespielt, sie hat die Opposition unterdrückt, indem sie sie anders bezeichnet hat. Die Kriminalisierungs-Strategie war ein besonders augenfälliges Beispiel für diese Art der Manipulation; Long Kesh wurde in »The Maze«, das Labyrinth, umgetauft[60] – ein passendes Epitheton, wenn man bedenkt, welcher Strategie der Mystifikation es sein Entstehen verdankte. Die Gefangenen waren jedoch ebenfalls in diesen Bezeichnungs-Krieg verwickelt, in welchem ihre Körper zum Schlachtfeld wurden und Wörter die Waffen darstellten; denn sie erklärten sich willens, sogar für die symbolische Bedeutung ihrer Kleider zu sterben. Es ist aufschlußreich, daß sie einander Gälisch beibrachten, als sie hungerten; es zeigt, daß sie gleichzeitig ihr Fleisch und ihre Sprache reformierten und sich gegen jeden Ein-Fluß der Kolonialherren sträubten.

Das Wort »Definition« bedeutet wörtlich »Errichten von Grenzen« oder »Eingrenzung«.[61] Indem sie sich gegen die Eingrenzung ihrer Körper wehrten, wehrten sich die Häftlinge auch gegen die Definitionen, mit denen man ihre Taten belegt hatte. Bachelard weist darauf hin, daß »Sprache die Dialektik von offen und geschlossen in sich trägt. Durch *Bedeutung* schließt sie ein, während sie durch poetische Ausdrucksweise öffnet.«[62] Mrs. Thatchers berüchtigte Tautologie »Ein Verbrechen ist ein Verbrechen ist ein Verbrechen« zeigt, wie Bedeutungen

einschließen und Definitionen eingrenzen können. Das folgende Kapitel wendet sich dem Problem der *Gefangenschaft* zu und untersucht, wie das physische Eingeschlossensein des Körpers mit dem semantischen Eingeschlossensein des Wortes korrespondiert.

Nachgestellte H-Block-Zelle in New Lodge, Belfast
(Photo von Peter Marlow, Magnum)

Kryptisierung

Ich habe einen Vogel gekannt, der sich tatsächlich zu Tode hungerte und vor Kummer starb, weil er gefangen und in einen Käfig gesperrt wurde – aber mir ist noch nie eine Dame begegnet, die so dumm war.

Lovelace an Belford, *Clarissa*

Die Hungerstreikenden von Long Kesh begannen ihren unerlaubten Briefwechsel, weil ihre Inhaftierung ihnen die Möglichkeit nahm, von Angesicht zu Angesicht miteinander zu sprechen. Ähnliches trifft auch auf Clarissa zu, auch sie nimmt zu Briefen Zuflucht, weil sie in ihrem Zimmer gefangensitzt und die, die sie quälen, nicht mit ihren Bitten erreichen kann. Geht vielleicht etwas mit dem Eingekerkertsein einher, das diese Gefangenen sowohl dazu treibt zu hungern, als auch sich dem Schreiben zu verschreiben? Auch Kafkas Hungerkünstler schließt sich in einen Käfig ein, um sein Schaufasten durchzuführen, und Strafgefangene haben traditionellerweise zum Mittel des Hungerstreiks gegriffen, um gegen ihre Inhaftierung zu protestieren und ihren Worten das Gewicht zu verleihen, das sie von ihrem Körper abgehungert hatten.

In Emily Brontës *Wuthering Heights* sind die Themen des Hungerns und des Gefangenseins so eng miteinander verknüpft, daß das eine schon fast zu einem Synonym für das andere wird. Jedesmal, wenn Heathcliff eingesperrt wird, hungert Catherine; die beiden Motive vereinigen sich in Catherines gespenstigem Ausruf: »Ellen, schließ

das Fenster, ich hungre.«[1] Sie werden auch in einer allegorischen Erzählung zusammengeführt, die Bobby Sands über einen Mann verfaßte, der eine Lerche in einen Käfig sperrt. Die Lerche beginnt einen ›Sing‹-Streik, und »als der Mann forderte, daß die Lerche singen sollte, weigerte sich die Lerche«. Der Mann wurde daraufhin gewalttätig: »Er hungerte [die Lerche] aus und ließ sie in einem schmutzigen Käfig vor sich hinvegetieren, aber die Lerche gab immer noch nicht nach. Der Mann ermordete sie.«[2] Diese Geschichte zeigt, wie Hungerstreikende die Rollen des Selbst und des Andern vertauschen und die konventionellen Ansichten darüber, wer auf wen einwirkt, in Frage stellen. Die Gefängnisinsassen entschlossen sich zu fasten, und sie entschlossen sich auch, ihre Zellen zu verunreinigen, aber die dargestellte Mißhandlung der Lerche impliziert, daß sie – die Gefangenen – ihrem Schmutz überlassen und dazu gezwungen wurden zu hungern. Wer hungert also wen aus, und wer zwingt wen, inmitten von Exkrementen zu leben? Diese Frage ist eigentlich schon in dem englischen Verb ›to starve‹ angelegt, das so viel bedeuten kann wie ›Hunger verursachen‹, aber auch wie ›Hunger erleiden‹. In jedem Fall impliziert Sands' Parabel, daß eingekerkert zu sein bedeutet, seiner Nahrung und Stimme beraubt zu werden.

Im vorangegangenen Kapitel wurde der Zusammenhang zwischen Schreiben und Hungern untersucht; im vorliegenden soll untersucht werden, wie Gefangensein zu diesen Künsten der Entkörperlichung beiträgt. Durch Schreiben und durch Fasten will man sich über das Fleisch erheben, um sich aus dessen tödlichen Fesseln zu befreien. Simone Weil meint, daß Hungern ein Versuch ist, die »Schwerkraft« zu überwinden und den Geist aus

dem Gefängnis des Fleisches zu befreien. Dieses Argument für das Fasten bringt auch Seanchan in *The King's Threshold* vor:

> Denn wenn der schwere Körper schwach geworden ist,
> Gibt es nichts, das den unbändigen Geist fesseln könnte,
> Der, überspannt und überdreht,
> Hingeht, wo er hingehen mag.

Das Schreiben ähnelt dem Fasten, insofern beides dem »wilden Geist« ermöglicht, die Fesseln des Fleisches abzustreifen. »Nichts über den Körper, wenn ein Freund an einen Freund schreibt«,[3] sagt Lovelace in Lobpreisung des Briefwechsels; und die Formulierung impliziert, daß Schreiben eine Form des Fastens ist, insofern beide Aktivitäten das Fleisch zu einem Nichts reduzieren. Überdies verläßt das geschriebene Wort den Körper seines Autors und geht – unabhängig von dessen Willen – dahin, wohin es »gehen mag«. Die irischen Hungerstreikenden verwendeten ihre Briefe gewissermaßen, um durch die Wände hindurchzuschreiten, die ihre Körper einkerkerten, sie gaben ihr »allzu festes Fleisch« zugunsten des zarteren Ektoplasmas des Zeichens auf. Weil das geschriebene Wort den Körper überlebt, da es unbändiger und geistähnlicher ist als das Fleisch, nimmt es unsere letztendliche Entfleischlichung voraus. Durch das Schreiben leben wir über unser Grab hinaus, durch das Schreiben sterben wir aber auch schon vor unserem Tod, allen Fleisches beraubt, bevor unsere Herzen aufgehört haben zu schlagen.

Wenn Schreiben und Hungern uns die Fesseln abnehmen, die dem Körper von außen angelegt werden, dann nur, um uns noch tödlicheren Zwängen eigener Art zu unter-

werfen. Paradoxerweise befreit uns das Schreiben und setzt uns gleichzeitig gefangen, mauert uns das Hungern ein und entläßt uns gleichzeitig in die Freiheit. Hungerstreikende zum Beispiel sträuben sich gegen die äußeren Begrenzungen der Institution, in der sie sich befinden, aber sie errichten gleichzeitig aus ihrem eigenen Fleisch eine innere Festung. Indem sie die Nahrungsaufnahme verweigern, verweigern sie sich dem Einfluß der Autoritäten und den Werten, die ihnen von ihren Wärtern in den Hals gestopft werden. Aber ihre Leiden zeigen, daß diese Negation des Andern notwendigerweise eine Isolation und die Zerstörung des Selbst mit sich bringt. Fasten heißt einen Kerker aus dem eigenen Körper zu machen, der jedem Einfluß von außen standhält. Schreiben isoliert den Körper ebenfalls, in dem Sinn, daß es möglich ist zu schreiben, sogar wenn die eigenen Ohren verstopft und die Lippen versiegelt sind. Es ist bezeichnend, daß in Long Kesh die Briefe von den Verfassern dazu verwendet wurden, ihre eigenen Körperöffnungen zu verschließen; damit wird demonstriert, daß das Schreiben, wie das Hungern, das Selbst gegen die Welt abschirmt, seine verhängnisvolle Autonomie vervollkommnet.

Kafka meinte, daß es unmöglich sei zu schreiben, wenn er nicht ganz vor dem Einfluß anderer Wesen abgeschirmt sei. In einem berühmten Brief an seine Verlobte Felice Bauer, die drohte, in seine Einsamkeit einzubrechen, protestierte er: »[…] man [kann] nicht genug allein sein, wenn man schreibt, [es kann] nicht genug still um einen sein, wenn man schreibt, die Nacht ist noch zu wenig Nacht.«[4] Für Kafka ist das Schreiben selbst ein Prozeß der Kryptisierung, des Sich-Verbergens, und seine Texte sind die Baue oder Chinesischen Mauern, die ihren Autor vor der

vernichtenden Wirkung der Unmittelbarkeit schützen. Das Motiv des Eingesperrtseins, das seine Werke durchzieht, ist mit dem ähnlich obsessiv aufgenommenen Motiv des Hungerns verquickt. Im verhungernden Körper, der in sich selbst eingeschlossen ist, sind wie in einem Mikrokosmos all die architektonischen und bürokratischen Barrieren enthalten, die Kafkas fiktives Universum prägen. Gefastet wird in Kafkas Texten vor allem im Gefängnis: im *Bau,* zum Beispiel, oder im Käfig des *Hungerkünstlers.* Auch Gregor Samsa ist in seinem Zimmer eingesperrt, nachdem er verwandelt worden ist, und in dieser Krypta kommt ihm die Fähigkeit zu essen abhanden, seine zahnlosen Kiefer verurteilen ihn zum Hungern und zum Schweigen. Der forschende Hund ist dazu gezwungen, sich von den anderen abzusondern, um die über-hündische Tat, die freiwilliges Fasten bedeutet, vollbringen zu können: für ihn ist das Reden über den Fraß sogar noch verführerischer als dessen Vorhandensein. Er schüttelt das zweifache Joch von Essen und Sprache ab, um sich an die Grenzen der Körperlichkeit vorzuwagen. Der Bewohner des »Baus« erklärt, daß er lieber verhungern würde, als es dem »Kleinzeug«, von dem er sich nährt, zu gestatten, in seine Festung einzudringen; er hortet Nahrung, anstatt sie zu essen, und so sind die Gänge seiner Behausung durch Stapel ungegessenen Fleisches blockiert – ein faulendes Monument seiner Askese.

Deleuze und Guattari bringen das Kerkermotiv bei Kafka mit dem beengten Raum in Zusammenhang, der den deutschsprachigen Juden in Prag zur Verfügung stand; es ist möglich, daß das Motiv des freiwilligen Hungerns in seinen Werken derselben Quelle entspringt. Kafkas Hungerkünstler, die jegliche Nahrung zurückweisen, ähneln

ihrem Schöpfer, der alle Wörter zurückwies, mit Ausnahme derer, die aus seiner Enklave stammten. Die Isolation des Fastenden scheint auch für die Abgeschiedenheit des Schreibenden zu stehen, der sich nachts in seinem Zimmer einkerkert. Der Bau zum Beispiel, der seinen eigenen Erbauer gefangensetzt, ist ein Abbild der Textkatakomben, in denen der Autor bei lebendigem Leib begraben wird. Während Kafka in seinen kürzeren Texten meist vom Standpunkt der Erbauer oder Bewohner von Schlupflöchern aus erzählt, denen es gewöhnlich nicht gelingt, Eindringlinge *draußen* zu halten, nimmt er in seinen Romanen den Standpunkt von Außenseitern ein, die glauben, daß sie *hinein*zukommen versuchen, um dann festzustellen, daß sie schon die ganze Zeit in die Konstruktion eingebunden waren. Das Gesetz des Schreibens ist es ebenfalls, innen draußen und draußen innen zu sein, ein Gefangener von Öffnungen und durchlässigen Absperrungen. »Wie kann [...] eine Mauer schützen, die nicht zusammenhängend gebaut ist?« fragt Kafka.[5] Diese Frage könnte auch dem hungernden Körper gelten, jenem »zerschmetterten Gefängnis«, wie Catherine ihn in *Wuthering Heights* (Kapitel 15) nennt. Auch der Körper vermag es nicht, das Selbst gegen die Welt abzuschirmen, weil er keine ›zusammenhängende Struktur‹ ist, und die Lücken in seiner äußeren Hülle bedeuten, daß das Fleisch und die Worte und der Einfluß anderer ständig in ihn eindringen.

Trotzdem gründet die Vorstellung vom Selbst, vom einheitlichen, in sich geschlossenen Individuum, auf dem Modell der Einkerkerung. Im siebzehnten und achtzehnten Jahrhundert, der Periode, die Foucault die Zeit der Großen Inhaftierung genannt hat, baute man Arbeitshäu-

ser, Asyle und Strafanstalten, um den Verbrecher, den Armen und den Irren vor den Augen der Öffentlichkeit zu verbergen; in dieser Zeit wurde aber auch die moderne Vorstellung vom Individuum geboren. Wie die historische Koinzidenz suggeriert, bedeutet eine Person zu sein, ein Gefängnis zu sein. Und im Verlies der Subjektivität stehen dem Trost, den der Privatbereich spendet, immer die Schrecken ewiger Einsamkeit gegenüber. T. S. Eliot hat das so ausgedrückt:

> Ich habe den Schlüssel gehört
> Sich in der Tür einmal drehen, einmal nur.
> Wir denken an den Schlüssel, jeder in seinem Gefängnis,
> An den Schlüssel denkend, bestätigt jeder ein Gefängnis.
>
> (*The Waste Land*, »Das wüste Land«, Z. 412–415)

Psychoanalytiker wie Melanie Klein und Karl Abraham sind der Ansicht, daß die Idee des Einsperrens infantilen Kannibalismus-Phantasien entspringt. Um den anderen verschlingen zu können, muß man durch Aushöhlung des Selbst einen Kerker schaffen, in den man das Nicht-Selbst einschließen kann. Wie Derrida es ausdrückt: »Eine Tür wird still und heimlich abgeriegelt wie zu einer Todeszelle im Selbst«, in der die untoten Objekte der Einverleibung gefangengesetzt werden.[6] Diese Verbindung zwischen Essen und Gefangensetzen wird durch die Umgangssprache bestätigt, in der der Mund ja auch »Klappe« genannt wird, und eine Klappe – gleich welcher Form – schlägt hinter jedem Gefangenen zu. Wenn Essen also ein Gefangensetzen ist, scheint freiwilliges Hungern die Austreibung des Andern aus dem eigenen Selbst darzustellen. Hungern hält aber den Andern auch im eigenen

Selbst fest und verstärkt noch die Befestigungsanlagen des Ego, damit die Geister im Selbst nur nicht aus ihrer Gruft hervorbrechen.
Um diesem Thema weiter nachgehen zu können, ist es notwendig, die metaphorische Struktur bestimmter Texte zu untersuchen. Im folgenden werden die Mechanismen der Gefangensetzung in Clarissa und beim irischen Hungerstreik erforscht. Anschließend soll eine Analyse einiger Texte von Victor Serge, Wole Soyinka, J. M. Coetzee und Primo Levi zeigen, wie Schreiben, Hungern und Gefangenschaft zusammenhängen.

Clarissa ist ein Epos der Einkerkerung. Den Roman zu lesen heißt mitzuverfolgen, wie die Heldin »von einem Kerker in den nächsten« reist, vom elterlichen Haus zu Sinclairs Gefängnis und schließlich ins Grab (393). Sie empfindet sich selbst immer wieder als ›eingerahmt‹: in Schlüssellöchern, Türöffnungen, Gefängnissen, Spiegeln, Briefen, Kleidern und sogar in ihrem eigenen Körper, den sie auch als ein Gerüst empfindet: »Dieser schreckliche Brief hat mein ganzes Gerüst zum Einsturz gebracht«, heißt es an einer Stelle (513). (Natürlich hat diese Metapher ihre Wurzeln im christlichen Denken, in dem der Körper traditionell als Gebäude vergegenwärtigt wird, bestenfalls als Tempel, schlimmstenfalls als Gefängnis.) Wenn ihr »Gerüst« von Briefen zerstört worden ist, heißt das, daß ihr Fleisch von ihren Worten demontiert worden ist, und tatsächlich scheinen ihre Briefe ihr sterbliches Gerüst zu zerlegen, bis sie, von ihrem eigenen wilden Alphabet verschlungen, in ihren Texten begraben liegt.
Clarissa sieht sich selbst als eine Hüterin der Grenzen, das heißt der »Zäune und Begrenzungen moralischer Eh-

renhaftigkeit« (613). Merkwürdigerweise scheint jedoch in dem Roman jede Grenze nur gezogen zu sein, um verletzt zu werden, so als ob der Akt der Abgrenzung schon die Überschreitung hervorrufe. Auch Bik McFarlane diskutiert diese seltsame Gesetzmäßigkeit in einem »comm« an Gerry Adams: »Ich glaube immer noch nicht, daß [die Briten] begriffen haben, daß Unterdrückung Widerstand hervorbringt und erneute Unterdrückung – erneuten Widerstand!! [...] Tom McKearney hat mir eine Stelle aus Rudyard Kipling zitiert (ich glaube, das ist der Bursche, der so hervorragende Kuchen macht!). Dem alten Rudy zufolge sind die Briten völlig immun gegen Logik.«[7] McFarlanes Theorie, daß Unterdrückung Widerstand hervorbringt, entspricht der psychoanalytischen Lehre, daß Unterdrückung Begierde erzeugt. Dieses Prinzip bestimmt auch Clarissas Schicksal; denn es sind gerade die Einschränkungen, denen ihre Briefe und ihr Körper unterworfen werden, die Briefe und Körper dazu zwingen, so ungestüm zu kursieren. Ihre Gefangenschaft nötigt sie, zu Briefen Zuflucht zu nehmen, und das Schweigegebot, das ihr Vater ihr, beziehungsweise ihrer Korrespondenz, auferlegt, löst eine wahre Wortflut aus. Clarissas Briefe rinnen aus dem elterlichen Haus heraus wie Körpersekrete, unaufhaltsamer mit jedem Versuch, den Absonderungen Einhalt zu gebieten. Clarissa bezeichnet diese Texte als ihre geschriebenen Einlagen bzw. Ausscheidungen (»deposits«). Der Terminus ist doppeldeutig: er kann ein finanzielles Guthaben meinen oder auch Fäkalien. Das Ausscheiden von etwas Überschüssigem wird also mit dem Anwachsen eines Guthabens in Zusammenhang gebracht, Unwert wird zu Mehrwert. Gerade das väterliche Verbot bringt diese Korrespondenz zum Sprießen,

und jede Bemühung, den Briefverkehr zu unterbinden, scheint sein Wachstum nur noch zu beschleunigen.

Lovelace betont immer wieder, daß ihm die Belästigung Clarissas keine Freude bereiten würde, wenn sie sich nicht so hartnäckig zur Wehr setzen würde: »Ihre Tugendhaftigkeit, ihr Widerstand«, sagt er, »sind meine *Stimulanzien*« (716). Es ist gerade ihre moralische Festigkeit, die seine Lust »einzudringen« wachruft. Als es ihm nicht gelingt, sie mit seinen Worten einzunehmen, greift er zum Mittel der Vergewaltigung, um die weniger festen Bollwerke ihres Körpers niederzureißen. Wie aber viele Interpreten nachgewiesen haben, ist die Vergewaltigung in Ambiguität gehüllt. Eigentlich findet sie nie richtig statt. In einem Roman, der ganz gewiß nicht lakonisch geschrieben ist, wirkt Lovelaces Bericht über das Ereignis merkwürdig telegrammhaft: »Ich kann nicht weiter [...] Clarissa lebt« (883). Diese seltsame Auslassung in der Mitte des Berichts läßt sich zu Freuds Vorstellung vom »Kern des Traums« (GW II/III,310) in Beziehung setzen; in diesem Kern laufen so viele Gedanken des Träumenden zusammen, daß sich gerade durch diese Verdichtung der Inhalt auflöst, und im Traumtext eine uninterpretierbare Lücke entsteht. In *Clarissa* ist die Vergewaltigung ebenfalls »überdeterminiert«, weil in diesem Akt alle Grenzverletzungen und Grenzüberschreitungen des Textes vereinigt sind.

Alle Absperrungen stimulieren Lovelace zum Eindringen; er verletzt die Grenzen der Moral, der Bedeutungen, die Grenzen von Briefen, Körpern und Gebäuden mit derselben Art von Genuß. Der letzte dieser abgesperrten Bereiche ist Clarissas Sarg, der auch als Umschlag dient, da ihre Leiche in seinen Inschriften beigesetzt und als

postumer Brief an die Adresse der Eltern geschickt wird. Lovelace versucht jedoch, sogar diese letzte Sendung abzufangen. Die Vergewaltigung hat sein Verlangen nach Eindringen nicht befriedigt, und nun ist ihm nichts geblieben, das er entweihen kann, als ihre sterbliche Hülle: »Ich halte es für völlig richtig, daß meine auf immer geliebte Dame geöffnet und einbalsamiert wird«, erklärt er (1383). Seine Pläne für ihre Zerstückelung enthüllen, welche mörderischen Phantasien ihn zu der Vergewaltigung getrieben haben: er schlägt vor, daß ihr Herz ihm hinterlassen werden solle, ihre Eingeweide dagegen ihren nachtragenden Verwandten (1384).[8] Da er ihren Körper als einen Brief ansieht, kann er nicht ruhen, bis er ihn aufgerissen hat; die Vergewaltigung ist nur ein dürftiger Ersatz für dieses Ausweiden. Nur die Auflösung ihres Körpers kann seine Gier stillen; aber auch Clarissa gibt sich mit nichts Geringerem zufrieden, und mit der Zersplitterung ihrer weltlichen Güter variiert sie gleichsam auf finanziellem Sektor Lovelaces abstruse Zerlegung ihres Leichnams. Beides soll sicherstellen, daß sie – als Märtyrerin der Post – im Umlauf bleibt.

Clarissas Tod fügt der Post keine Niederlage zu, sondern erhält sie im Gegenteil am Leben. Das ganze Brief-System des Textes hängt davon ab, daß sie eingekerkert ist – in ihren Gemächern oder im Grab. Indem sie Clarissa gefangensetzen, schaffen ihr Vater und ihr Schänder die Abwesenheit, die für den Austausch von Post notwendig ist, das heißt, sie isolieren den Briefschreiber vom Briefempfänger. Das Post-Embargo, das ihr Vater über sie verhängt, schafft die Voraussetzungen für den ganzen verwickelten erotischen und brieflichen Verkehr. Doch wenn Gefangenschaft zum Schreiben veranlaßt, dann ist

auch das Gegenteil wahr: alle »Kritzler« des Romans sperren sich selbst ein, wann immer sie der Drang zu schreiben überkommt. »Er hat sich sofort eingeschlossen, um zu schreiben«, teilt Charlotte über ihren Cousin Lovelace mit (1048). Auch Clarissa schreibt ihre Briefe nur, wenn sie sicher sein kann, daß alle Riegel vorgelegt und alle Schlösser zugesperrt sind (325, 529). Clarissa nennt ihr Schreiben ein »Übereinkommen mit mir selbst« (483). Diese Vorstellung vom Selbst ist schon in den Briefen selbst verkörpert: sie sind versiegelt, unverletzt und vertraulich wie die Privatgemächer, in denen sie zu Papier gebracht werden. Ruth Perry hat dargelegt, daß im achtzehnten Jahrhundert eine Veränderung der Architektur und die Zweckbestimmung einzelner Räume innerhalb des Hauses eine »bislang unbekannte Privatheit ermöglichte – eine nicht unwichtige Bedingung für das Entstehen fiktiver Texte«. Aus diesem Grund rekurriert der Brief-Roman auch immer wieder auf Personen, die mit Papier und Feder allein in einem Zimmer eingeschlossen sind. In *Clarissa* symbolisiert das Privatgemach den ›Privat‹-Körper und das kerkerhafte Eingeschlossensein des Selbst.[9] Wenn die Heldin sagt: »Ich erwarte, daß man nicht in meine Zurückgezogenheit eindringt« (457), dann bezieht sie sich entweder auf ihren Körper oder auf ihre Briefe oder auf ihr Zimmer, das mit seinen Schränken, Schubladen, Schlüssellöchern, zu verriegelnden Türen und von Vorhängen abgeschirmten Fenstern ihren verletzlichen Körper und Geist mit all seinen Geheimnissen repräsentiert. Ebenso ist die »geheime Schublade [ihres] Schreibtisches« (99) eine Metonomie, sie steht für den intimen Bereich ihres Bewußtseins und ihre Jungfräulichkeit. Ihre Jungfräulichkeit wiederum wird zum Fetisch in

den Mythen moralischer, ökonomischer und körperlicher Autonomie, mit denen ihre Klasse ihre Herrschaft legitimiert.[10]

Clarissas Briefe sind ebenfalls kleine Gefängnisse, Gefängnisse, in die man allzuleicht eindringen kann. Oft sind diese Briefe in Lovelaces Schreiben an seine Freunde eingeschlossen, so daß ihre Texte in seinen Umschlägen ebenso gefangen sind wie ihr Körper in seinen Mauern; die Briefe werden mit Siegellack am Ausbruch gehindert, der Körper mit Eisenstäben. Wenn in *Clarissa* der Brief ein Gefängnis ist, dann auch umgekehrt das Gefängnis ein Brief; der Gefangene ist von Aufschriften eingehüllt. Die Wände der Zelle, in die man Clarissa im Hause Rowlands steckt, sind »mit einer Vielzahl von Bildern und Namensinitialen« (1064) bedeckt, wie ein Brief, den hundert Verfasser geschrieben haben, von denen jeder im Unterschreiben ausgelöscht wurde. Diese mit figürlichen Darstellungen und Initialen bedeckten Wände verweisen bereits auf den mit ähnlichen Zeichen geschmückten Sarg, in den Clarissa auf ewig eingeschlossen sein wird; sie repräsentieren aber auch das ganze Brief-System, welches verlangt, daß sie lebendig begraben wird. Clarissa wird tatsächlich von der Vorstellung des Lebendig-begraben-Werdens heimgesucht, sie träumt davon und spricht immer wieder davon, denn sie sieht darin die letzte Alternative zur sexuellen Versklavung. Sie würde lieber bei lebendigem Leib begraben werden, sagt sie, als Solmes zu heiraten oder Lovelaces »geisterhaftes« Eindringen in ihr Heim zu ertragen (101, 142); einmal träumt sie sogar davon, daß Lovelace sie in ein »tiefes, schon ausgehobenes Grab« wirft und zusammen mit sich schon auflösenden Kadavern begräbt (342 f.). Für Richardson ist Schreiben

eine Art von Begrabenwerden, da es sich immer um das Verfassen eines Testaments handelt, und darum schreibt sich Clarissa langsam in ihr Grab hinein. Ein Brief ist immer notwendigerweise »danach geschrieben«, wie Lovelace es ausdrückt, und sogar er mit seiner »lebhaften gegenwartsbezogenen Art« (882) kann der suizidalen Logik seines Schreibens nicht entkommen. Er lacht in Briefen, gähnt in Briefen, erregt sich, ergießt sich ihnen, als ob er sich durch seine krampfartigen Zuckungen in die Gegenwart vorkämpfen wollte. Aber in *Clarissa* kommen die Männer zu früh, während ihre Briefe zu spät kommen, und das Schreiben ist, von dem Moment an, in dem man die Feder ansetzt, schon etwas Postumes. »Clarissa lebt«, sagt Lovelace, nachdem er sie vergewaltigt hat; aber Clarissa weiß, daß sie tot ist, denn sie ist »nichts«, nichts als der Letzte Wille, den sie niederschreibt, um den Willen zu ersetzen, den er ihr geraubt hat. Ein Kodizill zu ihrem eigenen Testament, löst sie sich in einer Flut von Legaten auf.

Was können Clarissas Gefängnisse mit den H-Blocks von Long Kesh gemein haben, und wie kann man ihre luxuriöse Gefangenschaft mit der Haft in einer Strafanstalt vergleichen? Foucaults Argumentation würde eine Strafanstalt nur als die letzte Form der Macht bezeichnen; Macht ist ja allen Übereinkünften des Wissens, der Sexualität oder der Wirtschaft eigen und verknüpft die öffentliche und die private Sphäre miteinander.[11] In der Folter jedoch findet die Macht ihren tödlichsten und stärksten Ausdruck, und viele Bilder ihrer brutalen Sprache tauchen in *Clarissa* und beim irischen Hungerstreik auf. In *The Body in Pain* (»Der Körper im Schmerz«) vertritt

Elaine Scarry die Ansicht, daß der grundlegende Tropus der Folter in der Reduzierung der Welt »auf einen einzigen Raum oder wenige Räume« zu sehen ist.[12] Clarissa erfährt diese ontologische Reduktion im wortwörtlichen Sinne. Während die Liebe nach John Donne »einen kleinen Raum zu einem Überall«[13] macht, verwandelt Clarissas sexuelle Unterwerfung die Welt in ein kleines Zimmer, dessen Wände sich ständig weiter um ihre Gestalt zusammenziehen. Wie wir gesehen haben, spiegeln die Räume, in denen sie gefangensitzt, ihre eigene Anatomie wider, die Portale, durch die man in sie eindringen kann, die Gänge, durch welche die Schmerzen laufen: all die Schubladen, Kabinette und Schränke stellen die undichten Innenräume ihres Körpers dar. In Long Kesh jedoch wurde der Unterschied zwischen Raum und Person so gut wie aufgehoben, denn die Insassen schlossen sich in ihrer eigenen Substanz ein, indem sie die Wände der Zellen mit ihren Exkrementen beschmierten. Obwohl ihre Welt sich auf einen winzigen Raum reduzierte, war ihr Selbst innerhalb dieses Bereiches überall.[14] Durch den Schmutz-Protest versuchten sie, ihre Zellen wiederzugewinnen, so wie sie durch den Hungerstreik ihre Körper wiederzugewinnen suchten, denn sie schlossen sich selbst in ihren mit Exkrementen geschriebenen Unterschriften wie in Kokons ein.

Elaine Scarry macht darauf aufmerksam, daß die Ausdrücke für Folter oft aus der häuslichen Sphäre stammen, was auf eine bedrohliche Verbindung zwischen den beiden Bereichen hinweist. Zum Beispiel wurde die Folterkammer in Griechenland das »Gästezimmer« genannt und auf den Philippinen ein »sicheres Haus«.[15] Diese Epitheta zeigen, daß Folter gewissermaßen die Annehm-

lichkeiten eines Hauses ›nachahmt‹ – ähnlich wie Clarissas Gefängnisse Spottbilder angenehmer Privatgemächer sind. Häusliche Geräte werden in Folterinstrumente umgewandelt: Tische und Stühle werden als Streckbänke und Schlagstöcke verwendet, Glühbirnen brennen Tag und Nacht, heben den Verlauf der Zeit auf und sollen nicht sehen machen, sondern blenden. Walter Benjamin hat behauptet, daß »Leben bedeutet, Spuren zu hinterlassen«, und daß die vollgestopften Innenräume der Viktorianer eigens so eingerichtet waren, daß auf den plüschigen Oberflächen der Polstermöbel die Spuren menschlicher Körper zurückblieben.[16] In den Folterkammern Nordirlands wurden alle derartigen Spuren ausradiert, sogar die menschliche Sprache wurde durch den Lärm von Maschinen ersetzt, den nur hin und wieder der Schrei eines Sterblichen durchbrach. Patrick Shivers, eines der Opfer, beschrieb die berüchtigten »Desorientierungs-Techniken« der RUC-Spezial-Abteilung, die 1971 durch eine Untersuchung von Amnesty International aufgedeckt wurden, folgendermaßen:

> Ich wurde in einen Raum gebracht. In diesem Raum gab es ununterbrochen ein Geräusch, das sich wie das Entweichen von Druckluft anhörte. Es war laut und ohrenbetäubend. Das Geräusch brach nicht ab. Dann hörte ich eine Stimme, die stöhnte. Es klang wie eine Person, die sterben wollte. Meine Hände wurden hoch über meinem Kopf an die Wand gedrückt. Meine Beine wurden gespreizt. Mein Kopf wurde von jemandem zurückgezogen, der die Kapuze ergriff, und gleichzeitig wurde mein Rücken nach vorne ge-

preßt, so daß mein Körper höchstem Druck ausgesetzt war. In dieser Stellung ließ man mich vier oder vielleicht auch sechs Stunden stehen, bis ich zusammenbrach und auf den Fußboden sackte. Nachdem ich hingefallen war, wurde ich wieder hochgezogen und in derselben Stellung wie vorher gegen die Wand gelehnt, und das ganze ging wieder von vorne los, bis ich erneut zusammenbrach. Wieder wurde ich hochgezogen, und das ging endlos so weiter. Diese Behandlung dauerte zwei oder drei Tage, und während der ganzen Zeit ließ man mich nicht schlafen und gab mir nichts zu essen. Ich verlor mehrmals das Bewußtsein.[17]

Hier ist es der Körper, der den Körper foltert, ohne daß irgendwelche äußeren Waffen eingesetzt werden. Der Raum wird eine Landschaft des Schmerzes, jede Ecke steht für eine andere Form von Agonie, und selbst der Winkel, den Wand und Fußboden bilden, gibt ein Blutgerüst ab, auf dem eine Kreuzigung ohne Blutvergießen stattfindet. Überdies wird die Grenze zwischen Innen und Außen, die von fundamentaler Bedeutung für die Vorstellung vom eigenen Selbst ist, aufgehoben; man kann unter diesen Umständen nicht wissen, ob das Schreien aus den Wänden hervordringt oder aus dem Gefangenen. Das Selbst löst sich auf, weil es, der Sicht beraubt, mit Geräuschen vollgestopft, seine Realitätsaufnahme nicht regeln kann.

Sylvia Pankhurst erfuhr einen ähnlichen Identitätsverlust, obwohl ihr der Rachen mit Essen vollgestopft wurde und nicht die Ohren mit Lärm. Bachelard meint, daß das Sein eines Menschen »als das Dasein einer Oberfläche an-

gesehen werden sollte, der Oberfläche, die die Region des Selbst von der Region des Andern trennt.«[18] Bei Sylvia Pankhurst und Patrick Shivers wurde diese Oberfläche zerrissen, die Regionen des Anderen und des Selbst konnten nicht mehr auseinandergehalten werden. Der Körper ist eine offene Wunde geworden, er besteht nur noch aus Mund und Ohren, ist eine einzige Öffnung. Patrick Shivers war übrigens nie ein Mitglied der IRA; die 15 000 Pfund, die ihm vom Internationalen Gerichtshof als Wiedergutmachung zugesprochen wurden, konnten seine psychischen Verletzungen nicht heilen.[19]

Bei der Folter, schreibt Elaine Scarry, wird »der Schmerz traditionellerweise von der Frage begleitet«. Inquisitionsszenen beherrschen bezeichnenderweise auch die Seiten von *Clarissa*. Aber Lovelaces ewige Frage ist eher Vorwand als Motiv seiner Quälerei der Heldin. Clarissas Einwilligung würde ihn nur enttäuschen, weil sie den Verhör-Saal, in dem sein Wille nach Macht auf halluzinatorische Weise Befriedigung findet, zum Einsturz bringen würde. Elaine Scarry zufolge ist Folter die einzige Sprache, die mit solcher Intensität »die Modi der Frage, der Erklärung, des Imperativs und die emphatische Form dieser drei, des Ausrufs, miteinander verbindet«. Lovelace jedoch bemächtigt sich aller dieser Modi und deckt so die beunruhigende Verwandtschaft zwischen der Sprache der Folter und der Sprache der Liebe auf. In Long Kesh verzichtet die Folter aber auf die Frage, die in jedem Fall ein Bluff ist, weil keine Antwort je die mit der Extraktion verbundene Agonie rechtfertigen könnte. Bei der Suche mit dem Spiegel verschmolzen die physischen und die verbalen Aspekte der Folter, denn statt den Gefangenen ein Geständnis abzufragen, zogen es ihnen

die Wärter im wahrsten Sinne des Wortes aus dem Fleisch.
Die Folterkammer ist die Bühne, auf der Macht in einem Schauspiel des Schmerzes Gestalt annimmt. Daß sie in Vietnam »Filmvorführ-Raum« genannt wurde, zeigt, welche Bedeutung den voyeuristischen Aspekten des Rituals zukommt.[20] In Long Kesh wurde bei den Untersuchungen mit dem Spiegel das Auge selbst zum Folterwerkzeug, es spießte die Körper, die es musterte, im übertragenen Sinn auf. Bobby Sands berichtet über eine solche Leibesvisitation, bei der die Gefangenen auf eine Tischplatte gedrückt und ihre Gesäßbacken von den Wächtern auseinandergerissen wurden. »Kamerad«, schreibt er, »das ist ein sexueller Übergriff.« Es ist auch eine Folter – wie die weiblichen Gefangenen von Armagh kürzlich klarmachten, als sie die gleichen Mißhandlungen über sich ergehen lassen mußten.[21] Überdies läßt der Anblick Nackter in den Bekleideten ein Überlegenheitsgefühl entstehen. Naomi Wolf schreibt in *The Beauty Myth* (»Mythos Schönheit«), daß im Aufeinandertreffen Bekleideter und Nackter Machtverhältnisse zum Ausdruck kommen: »Männliche Gefangene müssen sich vor den Augen bekleideter Aufseher ausziehen; junge Negersklaven waren nackt, wenn sie ihre bekleideten weißen Herren am Tisch bedienten.«[22] Ähnliches trifft auch für pornographische Fotografien zu, die den Betrachter nicht nur sexuell erregen, sondern auch infantile Omnipotenzgefühle wachrufen: das ihn reizende Objekt scheint gleichsam von seinem Auge gefangengenommen zu werden, unter seinem Medusenblick zu versteinern. Interessanterweise ist das englische Verb ›to stare‹ (starren) mit dem Verb ›to starve‹ (hungern) verwandt, das ursprüng-

lich ›erstarren‹ oder ›zu Stein werden‹ bedeutete. John Miltons Teufel zum Beispiel »starve in Ice« (erstarren in Eis).[23] Man könnte es so ausdrücken, daß die Insassen von Long Kesh durch die Blicke der Wächter erstarrten oder verhungerten [starved in *eyes*]: denn sowohl das Anstarren als auch das Hungern verdinglicht den Körper, es macht ihn zu einem Schauobjekt. Die wahren Machtverhältnisse werden dadurch mystifiziert, denn es sind die Individuen, die in diesen Schauspielen gedemütigt werden und nicht die gesellschaftlichen Kräfte, die sie repräsentieren. Eben diese Verwechslung des Symbols mit dem Symbolisierten liegt aber dieser Rhetorik der Verletzung zugrunde.

Clarissas Gefängnisse liefern die Bühne, auf der Lovelace ihre Unterwerfung in Szene setzt. Weil er glaubt, daß er sie mit seinen Augen zum Erstarren bringen kann, wird ihre Sichtbarkeit zur Trophäe, die von seiner Meisterschaft kündet. Er genießt sogar den Anblick seiner Macht mehr als den physisch vollzogenen Mißbrauch seiner Macht. Daher ist er so konsterniert, als Clarissa sich »davon*stiehlt*«; das ist für ihn so, als ob sich das Subjekt eines Porträts aus seinem Rahmen gelöst hätte und davongegangen wäre. Selbst wenn sie ihre Tür verriegelt, starrt er sie durch das Schlüsselloch an, wie durch eine Öffnung, die nicht mehr verschlossen werden kann. Dieses Schlüsselloch rahmt ihr Bild im wahrsten Sinne des Wortes ein, es hält sie in reizenden Posen fest, die von ihrer sexuellen und körperlichen Agonie künden, liefert gleichsam eine Serie von Tableaus, die unter Lovelaces Kumpanen kursieren. Denn er schildert diese Szenen zum Amüsement seiner Freunde, die nicht nur die Adressaten seiner Briefe, sondern auch seiner Begierde sind. Im ersten Teil des

Romans berichtet Lovelace von Clarissas Defloration, im zweiten erzählt Belford die Geschichte ihres Todes: die Szenen, die sie schildern, sind oft spiegelbildlich aufeinander bezogen. Kurz vor der Vergewaltigung stürmt Lovelace in Clarissas Zimmer, nachdem er das Haus angezündet hat, in der Hoffnung, daß der Schrecken sie in seine Arme treiben würde. Nachdem, so Lovelace, »die Schlafhaube bei ihrer Gegenwehr vom Haupt gefallen war, fielen ihre liebreizenden Haare in natürlichen glänzenden Locken herunter, als ob sie bemüht wären, die umwerfende Schönheit ihres Nackens und ihrer Schultern zu verhüllen« (725). Als Belford später Clarissa als Gefangene im Hause Rowlands entdeckt, erzählt er diese Szene nach, wobei auch seine Darstellung einen leicht pornographischen Anstrich erhält: »Ihre Haube war ein wenig verrutscht; ihre reizenden Haare, in natürlichen Locken, wie du es schon früher beschrieben hast, aber ein wenig verwirrt, als ob in letzter Zeit nicht gekämmt, verbargen teilweise eine Seite des hübschesten Nackens in der Welt, ihr ungeordnetes, ein wenig zerdrücktes Tüchlein die andere« (1065). Obwohl Belford Lovelace augenscheinlich tadelt und für Clarissas mißliche Lage verantwortlich macht, deutet die Tatsache, daß er dessen Worte wiederholt, auf seine Beteiligung an Clarissas Erniedrigung hin. Auch er »rahmt« die Heldin ein und liefert seine verbalen Pin-up-Bilder der Sterbenden im Austausch für die Darstellungen ihrer gewaltsamen Verführung, die er vorher erhalten hat.

Clarissa schließt in ihr Testament die strikte Anweisung ein, daß man es Lovelace nicht gestatten soll, ihre Leiche zu sehen. Sie spürt, daß sie von seinen Blicken genauso gefangengesetzt worden war wie durch seine Schlösser

und Schlüssel. Sie glaubt sogar, daß er sie bereits als Tote gesehen hat, damals nämlich, als er sie vergewaltigte. »Er hat sie, sagt die verletzte Heilige in ihrem Testament, *bereits einmal tot gesehen*«, wie Belford es ausdrückt (1447). Diese gezwungene Formulierung suggeriert, daß sie schon vom bloßen Blick vergewaltigt wurde – und vielleicht auch ermordet. Durch den Tod versucht sie sich von einer körperlichen Schande zu befreien: vom Schandmal der Sichtbarkeit. Clarissa hungert sich lieber zu Tode, als ausgehungert oder von dem pornographischen Blick ihres Verführers in einen Stein verwandelt zu werden. In diesem Roman ist *Sehen* gleichbedeutend mit *An-sich-Reißen*, das Objekt zu petrifizieren oder es sogar ins Auge hineinzuschlingen. Das Auge ist ein für seine Gier bekanntes Organ; in seinem *Julius Caesar* stattet Shakespeare Cassius mit einem »magren und hungrigen Blick« aus, die Augen von Kindern sind notorisch größer als ihre Mägen. Lacan schreibt, daß im Bereich des Sichtbaren »alles eine Falle« ist.[24] Vielleicht geht die alte Vorstellung vom ›bösen Blick‹ darauf zurück, daß das Auge alles, was es sieht, verschluckt.[25] Je ›fetter‹ das Auge wird, desto ›magerer‹ wird die Welt – ausgehungert von dessen unersättlichem Blick.

Beim irischen Hungerstreik hungerten die Streikenden für Mrs. Thatchers Augen – die sie jedoch kompromißlos geschlossen hielt. Sie nahm dieselbe Position ein wie der abwesende Vater in *Clarissa,* weil auch sie den blinden Fleck im Austauschsystem darstellte. Ihre Blindheit versetzte Kardinal O'Fiaich in Erstaunen, als er 1981 einen Appell an sie richtete, eine Lösung für die Krise in Long Kesh zu finden; sie gab vor, nicht zu verstehen, um was es gehe. »Könnte mir bitte jemand sagen, warum sie sich im

Hungerstreik befinden? Ich habe schon so viele Leute danach gefragt«, klagte sie. »Wollen sie vielleicht ihre Männlichkeit unter Beweis stellen?«[26] Natürlich ließ sie mit dieser Frage auch sehr geschickt anklingen, daß die Gefangenen es nötig hätten, ihre Männlichkeit zu beweisen. In all ihrer Dummheit zeigt diese Beleidigung, wie imperialistische Anmaßungen von sexuellen noch verstärkt werden. Margaret Thatcher brachte hier koloniale Abhängigkeit mit Unmännlichkeit in Verbindung, setzte politische Impotenz mit sexueller gleich. Indem sie Irland so als politische Körperschaft fehldeutete, nahm sie eine symbolische Kastration vor. Die Häftlinge jedoch ließen sich in gleichem Maße von sexuellen Klischeevorstellungen in die Irre führen; sie rechneten mit Mrs. Thatchers Mütterlichkeit, was jedermann außerhalb von Long Kesh in Erstaunen versetzt hätte. Nachdem sie zu spät ihren Irrtum erkannt hatten, tauften sie sie »Blech-Schlüpfer«, ein Ehrenname, der gewisse Entsprechungen zu dem höflicheren Epitheton »Eiserne Lady« aufweist, aber auch dessen obszöne Nebenbedeutung aufdeckt.[27] Aufschlußreich ist jedoch, daß die Greueltaten männlicher Politiker gemeinhin auf deren krankes Hirn zurückgeführt werden, während man sie bei Mrs. Thatcher mit ihren Genitalien in Zusammenhang brachte. Die sexuellen Implikationen beider Spitznamen deuten eine Entweiblichung der Premierministerin aufgrund ihrer Rigidität an, aber auch, daß ihre Macht auf eine ›phallische‹ Steifheit zurückzuführen ist, die sie ihren weicheren und unmetallischen Schwestern überlegen sein läßt.

Auf das Postsystem von Long Kesh bezogen, bedeutet ihr Blechschlüpfer, daß sie gegen alle »comms« gefeit war, aber auch vor Mitgefühl. Er bedeutet, daß sie weder die

Botschaften empfangen konnte, die zwischen den Körpern der Gefangenen umliefen, noch die Körper selbst – menschliche »comms« –, die in Särgen Long Kesh verließen. In ihren Blechschlüpfer kann nichts eindringen, es kann aber auch nichts aus ihm heraus; verbindet sich mit dem Ausdruck doch nicht nur die Vorstellung von Keuschheit, sondern auch von immerwährender Verstopfung. Die Eingeweide galten früher als Sitz des Mitleids, das Frau Thatcher so völlig fehlte, und der Spitzname mag auf diese Anschauung zurückgehen. In Long Kesh jedoch lieferten die Därme die exkrementale Tinte, mit denen die Insassen ihre Namen auf die Zellenwände schrieben, um sich, indem sie ihre Körperausscheidungen nicht zurückhielten, gegen das Zurückgehaltenwerden zur Wehr zu setzen. Der Körper explodierte gleichsam wie eine Bombe – eine in Irland gebräuchlichere Weise des Protests – und ließ seine zerfetzten Teile als Graffiti zurück. Natürlich haben Schreiben und Bombenlegen viel miteinander gemein, beides setzt die Abwesenheit des Autors voraus, und bei beidem tritt die Wirkung mit Zeitverzögerung ein. In der Briefbombe verbinden sich beide Formen des Protests. Durch den Schmutzstreik versuchten die Gefangenen zu einer Form des Schreibens zurückzufinden, die in der Entwicklung des Menschen noch vor dem Sprechen liegt und sogar noch älter als sein Körper ist, wenn man den Körper als ein in sich geschlossenes und autonomes Gebilde ansieht. Der Blechschlüpfer von Frau Thatcher symbolisiert statt dessen das Gesetz der Kontinenz, das die Grenzen des Körpers definiert und das Kind in die Kultur einführt. Tatsächlich repräsentiert der Körper, der seine Ausscheidungen kontrolliert, den Prototyp aller Gefängnisse und aller ande-

ren Grenzen und Absperrungen, die den sozialen Raum definieren. Indem sie Nahrung und Sauberkeit und sogar Kleider zurückwiesen, attackierten die Gefangenen diese dämonische Mutter der Festsetzung mit den effektivsten und tatsächlich einzigen Waffen des Kindes. Indem sie selbst überhaupt keine ›Schlüpfer‹ trugen, legten sie das ursprünglichste Zeichen kultureller Verpflichtung ab.

Wie wir gesehen haben, gründet die Vorstellung vom Selbst auf der Kontrolle der Körperöffnungen. Denn über diese Schwellen hinweg gelangt das Andere in Form von Nahrung in den eigenen Körper, und über dieselben Schwellen wird der Körper in Form von Ausscheidungen in die Leere der Andersheit hinausgestoßen. Dieses »beständige Hin- und Herfließen zwischen Innen und Außen«, um mit Margaret Atwood zu reden, erhält das System der Subjektivität aufrecht: »Dinge aufzunehmen, sie auszuscheiden, Wörter zu kauen, Kartoffelchips, Rülpser, Fett, Haare, Babys, Milch, Exkremente, Kekse, Erbrochenes, Kaffee, Tomatensaft, Blut, Tee, Schweiß, Schnaps, Tränen und Abfall.«[28] In Gefängnissen, wo die Außenwelt auf den engen Raum einer Zelle zusammenschrumpft, wird dementsprechend auch die Innenwelt entleert; und so wird beides, die »Einnahme von Essen und der Ausstoß von Wörtern«, gestört. Wole Soyinka, der einen Hungerstreik begann, als er in Nigeria in Haft saß, berichtet, daß er Nahrung zurückwies, um gegen den Entzug von Worten in seiner Einzelzelle zu protestieren. »Warum faste ich?« schreibt er. »Ich verlange nach Büchern, Schreibzeug […]. Ich verlange auch das Ende meiner unmenschlichen Isolation.« Sein Hungern verlieh dem Ausgehungertsein seines Intellekts Ausdruck, der

bereits all seine Vorräte erschöpft hatte. »Meinen Körper zu nähren, aber meinen Geist völlig zu mißachten, ist eine vorsätzliche Dehumanisierung.« Der Geist kann nicht allein mit Hilfe der gespeicherten Erinnerungen überleben, genau wie der Körper nicht nur von seinem Fett zehren kann. »Meine ersten zwölf Monate hatten mehr als die normale Kreativität eines Geistes aufgebraucht, der keine Zufuhr aus anderen Quellen erhält.« Die Verdauungsprozesse des Intellekts hängen vom »Austausch [...] innerhalb einer Gemeinschaft denkender Köpfe« ab.[29] Indem er die Ideen wieder »hervorwürgt«, die er schon konsumiert hat, schließt Soyinka sich in ein »mentales Gefängnis« ein: »Ich kann nicht ewig nur in den Hervorwürgungen meines Geistes herumkreisen«, protestiert er. Auf der anderen Seite repräsentierte für ihn das, was in den Köpfen der Gefängnisbeamten war, das Gegenteil von Nahrung, nämlich Exkremente: »Sie sind Eiter, Galle, die Verwesung des Todes in lebender Gestalt«, schreibt er. »Ich rieche eine Fäulnis des Geistes allein aus dem Klang ihrer Worte heraus.« Mit seinem Hungerstreik erkämpft er sich also auch Freiheit vom Gestank ihrer Sprache: »Ich muß den Punkt erreichen, an dem weder mein Körper noch mein Geist von ihnen erreicht werden kann, dorthin gelangen, wo kleine Geister nicht mehr fähig sind, mein Wesen zu beschmutzen oder nach ihm zu greifen. Ich habe nicht nur gefastet. Ich habe meine Psyche frei umherschweifen lassen, nach ihnen gesucht, es gelernt, sie zu zerstören, wenn die Zeit dafür kommt.«[30] Soyinka deutet an, daß sein Hungern seine Unterdrücker vernichten wird und nicht ihn selbst, weil seine Psyche, vom Fleisch befreit, zerstörerisch umherschweifen kann.

Als Soyinka sich entschied zu fasten, begann er auch

Kryptisierung

Briefe aus seiner Zelle zu schreiben; eine Tatsache, die noch einmal das tiefe Einverständnis zwischen Schreiben und Hungern enthüllt. Mit beiden Aktivitäten, mit Wörtern oder der stummen Anklage seines ausgemergelten Körpers versucht der Gefangene, den anderen zu fesseln. Für Soyinka war das Schreiben ein Mittel der Erlösung, denn seine Briefe veräußerlichten seine Gedanken und befreiten ihn auf diese Weise aus seiner intellektuellen Autophagie. Diese Briefe nährten sich von seinem dahinschwindenden Fleisch; der Mangel an Nahrung wurde durch eine wahre Wortflut überkompensiert – genauso wie bei Clarissa und den irischen Häftlingen. Merkwürdig ist es in all diesen Fällen, daß der Wortstrom nahezu unerschöpflich zu sein scheint, während die einzelnen Mitteilungen, »comms« oder Briefe, gewöhnlich extrem kurz sind. Auch Sylvia Pankhurst meinte, daß das Eingeschlossensein in eine sich um sie herum zusammenziehende Zelle es verlangte, sich auf »die konzentrierteste Form des Ausdrucks« zu beschränken. Jedesmal nachdem sie zwangsernährt worden war, reinigte sie sich, indem sie Wörter und Nahrung von sich gab, bis die Ereignisse »zu widerwärtig« wurden, »um sich weiter mit ihnen zu befassen«. Aus Angst, daß ihr geheimer Vorrat an Papier »zu schnell beschrieben« werden könnte, ähnlich wie ihr Körper zu sehr gefüllt und durch die brutale Ernährung verwüstet worden war, rationierte sie ihre Mitteilungen, indem sie Gedichte schrieb. Sie berichtet:

> Wenn die Folterknechte die Zelle verlassen hatten, blieb ich still liegen und reinigte mich, wenn es ging, von all dem Schmutz, den ihre Greueltat hinterlassen hatte – und begann dann, auf meinem

kostbaren Papier zu schreiben, sehr vorsichtig, damit ich nicht überrascht wurde. Zuerst führte ich regelmäßig Tagebuch, aber als aus Tagen Wochen wurden, verlor ich den Mut dazu; die Ereignisse, die in ihm festgehalten waren, waren zu widerwärtig, um sich weiter mit ihnen zu befassen. Ich gab es auf und benutzte mein Papier für inspirierendere Dinge, immer in der Angst, daß es zu schnell beschrieben werden könnte. Aus diesem Grund schrieb ich Verse, die die konzentrierteste Form des Ausdrucks sind.[31]

Die verbale Knappheit ihrer Gedichte spiegelt – wie die der »comms« der Hungerstreikenden – die Entbehrungen des Körpers wider, der vom Hunger ebenso eingeengt und zusammengeschnürt wurde wie von den Gitterstäben. Dieses Abnehmen der Worte – wie des Fleisches – wird jedoch eher als eine Art von Destillation als von Reduktion erfahren, es befördert die Erweiterung des Geistes. »Mein Körper schrumpft, aber [...] mein Geist dehnt sich aus«, schreibt Soyinka.[32] Auch andere Hungerkünstler mergelten ihre Sprache aus, um ihre visionäre Kraft zu steigern. Emily Dickinson zum Beispiel schafft in ihren Gedichten ein »Bankett der Abstinenz«, eine Art Füllhorn der Enthaltsamkeit. Simone Weil bemüht sich, ihre Wörter so schwerelos wie ihr Fleisch zu machen; wie das Gedicht ermöglicht es auch der Aphorismus der Sprache, sich von der »Schwerkraft« der Geschichte zu befreien, so daß die Wörter frei von Kontext und Kontingenz schweben, erdenthoben und »von Luft berauscht«. Trotzdem enthalten ihre verbalen Schrotkügelchen, die sie aus ihrem hungernden Fleisch herausge-

drückt hat, auch den analen Sadismus, wie er sich auch in den »comms« und der Salve von Briefen, die Soyinka auf seine Unterdrücker abfeuerte, findet.
Ein weiteres Werk, in dem die Themen des Hungerns und des Gefangenseins miteinander verknüpft sind, ist *The Life And Times of Michael K*. In diesem Roman aktualisiert J. M. Coetzee gewissermaßen Kafkas »Hungerkünstler«; er siedelt seine »Allegorie« des Hungerns im letzten Blutbad der Apartheid einer nicht zu fernen Zukunft Südafrikas an. Der Titelheld hat dieselbe Namensinitiale wie die Protagonisten von Kafkas Romanen *Der Proceß* und *Das Schloß*; er ähnelt aber auch Meursault in Albert Camus' Roman *L'étranger,* insofern er sich weigert, dem sozialen Codex zu gehorchen, aber nicht in der Lage ist, die »Ursprünglichkeit seines Widerstands« zu erklären.[33] Im ersten Teil des Romans entkommt Michael K. aus dem Flüchtlingslager, in das er von den Behörden gesperrt worden ist, zieht sich dann aber in einen kafkaesken »Bau« zurück. In dieser Abgeschiedenheit hungert er sich langsam zu Tode: »In seinem Bau [...] wurde sein Bedürfnis nach Nahrung schwächer und schwächer« (139). Am Ende wird er wieder eingefangen, aber sein Ausgehungertsein treibt ihn nicht in Gesprächigkeit, sondern in Aphasie, und es bleibt den Beamten des Lagers überlassen, das Rätsel seiner Entkörperlichung zu interpretieren. »Fastest Du? Fastest Du aus Protest?« fragen sie ihn (199). Michael K. gibt keine Antwort, denn er ist »kein Held und gibt nicht vor, einer zu sein, noch nicht einmal ein Held des Fastens« (223 f.). Er hungert sich aus, um sich vom »Hunger nach Glauben«, der »Gier nach Bedeutung« zu befreien: dem unstillbaren Verlangen des Geistes nach Sinn (226). Sein Aufenthalt im Lager ist »le-

diglich eine Allegorie dafür, [...] auf welche skandalöse, empörende Weise sich eine Bedeutung in einem System niederlassen kann, ohne in ihm zu einem Begriff zu werden« (228).

Die Polizei nennt das Flüchtlingslager ein »Nest von Schmarotzern, das von der sauberen, sonnenbeschienenen Stadt herabhängt, ihre Substanz verzehrt, ohne selbst Nahrung zurückzugeben«. Für Michael K. jedoch »war es nicht mehr deutlich, wer Ernährer und wer Parasit war, die Stadt oder das Lager. Wenn der Wurm das Schaf verschlingt, warum hat dann das Schaf den Wurm verschlungen?« (159) Michel Serres hat dargelegt, daß die Gesellschaft aus »zahllosen Vampiren und Blutsaugern« besteht, »die in Bündeln an den schon recht dünnen Körpern der Arbeiter hängen«,[34] aber Michael K.s Hungern erlöst ihn davon, entweder Ernährer oder Parasit, Schaf oder Wurm zu sein. Er entzieht sich nicht nur dem System von Tauschwert und Gebrauchswert, worin seine »bizarre Gestalt« (204) vielleicht Bedeutung erhalten hätte, sondern auch dem parasitären System des ›Ungebrauchswerts‹, das beide Ökonomien sabotiert. Er ist, was das Fließen von Nahrung und Wörtern und Geld betrifft, so redundant, daß er dieses Zirkulieren nicht stört. Coetzees Metaphorik suggeriert, daß er gar nicht Teil des Organismus ist, das heißt, er ist kein Parasit, der sich vom Staat nährt, sondern gleichsam ein Gallenstein, der in ihm sitzt: er gibt nichts und empfängt nichts.

Coetzee sieht das Gefängnis als den Magen des Staates an, in dem dessen aufsässige Opfer verschwinden; und Michael K. versucht, wie Victor Serges Ryzhik, diesem Kannibalismus zu entgehen, indem er sich weigert, die Nahrung des Staates oder dessen Illusionen zu verzehren.

Aus diesem Grund werden beide Figuren als Steine beschrieben, die »unverdaut durch die Gedärme des Staates« hindurchwandern (221): »Ich bin ein Stein, der von einer dreckigen Flut mitgerissen wird«, denkt Ryzhik;[35] während Michael K. wie »ein Stein ist [...]. Ein harter kleiner Stein, [...] in sich selbst und in sein Innenleben eingehüllt. Er wandert durch diese Institutionen hindurch und durch die Lager und Krankenhäuser und Gott weiß was sonst noch wie ein Stein. Durch die Därme des Krieges hindurch« (185). Während Walter Benjamin meint, daß Leben bedeutet, Spuren zu hinterlassen, verkörpert Michael K. die Überzeugung, daß ein »Mann so leben muß, daß er keine Spur seines Lebens zurückläßt« (135). Wie Ödipus auf Kolonos, der stirbt, ohne eine Leiche zurückzulassen, versucht Michael zu sterben, ohne einen Körper oder eine Geschichte zu hinterlassen, »so verborgen, daß es ein Wunder ist« (195). Da er jedoch weiß, daß sogar Menschen, die des Hungertodes sterben, einen Körper zurücklassen, kann er nur hoffen, aus der Geschichte zu verschwinden, indem er seine Sprache genauso aushungert wie seinen Körper (129). Zu sprechen würde bedeuten, sich selbst die »Substanz« zu geben, die der Hunger ausgelöscht hat, und alle seine Entkörperlichungsarbeit zunichte zu machen. »Hör zu, wie leicht ich diesen Raum mit Wörtern fülle«, »gib dir selbst etwas Substanz, Mann, sonst schlüpfst du unbemerkt durchs Leben« (129), mit diesen Sätzen wollen die Staatsbeamten ihn zum Sprechen bewegen. »Es ist Zeit, daß du etwas von dir gibst. [...] Du hast eine Geschichte zu erzählen. [...] Willst du, daß die Geschichte mit dir endet?« fragen sie ihn. Michael K. antwortet nicht; wie das Feuer, das »sich selbst verzehrt und verzehrt wird« (123), ißt er seine

Wörter und hungert sein Fleisch aus; beides wird in das »Loch« seines unaussprechlichen und unerinnerlichen Seins gesogen: »Immer wenn er sich sich selbst erklären wollte, blieb eine Lücke, ein Loch, ein Dunkel, vor dem das Verstehen innehielt, in das Wörter zu gießen sinnlos war. Die Wörter wurden aufgegessen, die Lücke blieb. Seine Geschichte war auf ewig eine Geschichte mit einem Loch« (150f.). Er fastet nicht, um seinem Leben eine Bedeutung zu geben, sondern um diesem »Loch«, dieser Leere, seine wilde Gestalt zu verleihen.

Soyinka deutet ebenfalls an, daß seine Vorwürfe gegenüber seinen Aufsehern lediglich Vorwand sind für ein Fasten, das ihn bereits über jedes System von Bedeutungen hinausgeführt hat. Letztlich hungert er nicht, um irgendeinen nennenswerten Vorteil zu erlangen, sondern um dem Mangel »Gestalt und Form« zu verleihen. Auf diese Weise fastet er »auf das Nichts hin«. »Es mußte umfassend sein, kein kurzfristiges Hungern, dessen blitzartiges Ende zwangsläufig zu solcher Schmach wie Zwangsernährung führen mußte. Wenn ich so fasten könnte, daß ich keine Symptome eines Kollaps zeigte und meinen Körper erhielt, indem ich mein Fleisch sich sanft verselbständigen ließ, meinen Körper daran gewöhnen könnte, mit weniger und immer weniger auszukommen bis schließlich – Nichts.«[36] »Nichts« ist die Größe, die Cordelia in *König Lear* anstelle von Liebe anbietet. Auch Soyinka hungert, um das »Nichts« zu verkörpern, das insofern Liebe erzeugt, als es die wechselseitige Abhängigkeit aller Lebewesen beinhaltet. Wie Yeats schreibt:

> [...] Ich weiß,
> Daß aus dem Felsen,
> Aus einer freudlosen Quelle
> Die Liebe auf ihren Weg springt.³⁷

Indem er hungert, verkörpert Soyinka den leeren Platz, die freudlose Quelle, wird er zu einem Botschafter, dessen Rolle es ist, die Austauschsysteme aufzuzeigen, in die alle, die sich nähren, verfangen sind. Lewis Hyde zufolge »bewegt sich das Geschenk zum leeren Ort«; »wenn sich [das Geschenk] auf seiner Kreisbahn bewegt, bewegt es sich zu dem hin, der am längsten mit leeren Händen dagestanden hat, und wenn jemand auftaucht, dessen Bedürftigkeit größer ist, verläßt es die alte Bahn und bewegt sich zu diesem hin. Unsere Großzügigkeit mag uns entleeren, aber unsere Leere zieht dann sacht an dem ganzen, bis das sich in Bewegung befindende Ding zu uns zurückkehrt, um uns wieder zu füllen. Die soziale Natur verabscheut ein Vakuum.«³⁸

Die Mission des Hungerkünstlers ist es, die Leere zu verkörpern, die die Zirkulation des Geschenks bewirkt. Diese Leere erzeugt den Fluß von Nahrung und Briefen und all den anderen Austauschobjekten, die sich auf ihrer geheimnisvollen Umlaufbahn durch die Subjekte hindurchbewegen. Es ist also nicht Mitleid, das uns zwingt, die Wünsche des Fastenden zu erfüllen, es sind vielmehr die Austauschsysteme, die uns in sein Schicksal verwickeln, weil sie die Grenzen des Selbst überschreiten. Mitleid ist der Name, den wir verwenden, um die Post zu vermenschlichen, jenes »sich in Bewegung befindende Ding«, das uns zu dem leeren Ort treibt.

In seinen Erinnerungen an Auschwitz berichtet Primo Levi über zwei Träume, die ihn und seine Mitgefangenen in den Nächten quälten: den Traum vom Essen, das nicht gegessen werden konnte, und den von den Worten, die nicht gehört werden konnten. Er erinnert sich daran, wie ihm seine Schwester erschien »mit einem nicht zu identifizierenden Freund und vielen anderen Leuten. Sie hören mir alle zu, und es ist diese Geschichte, die ich erzählte«: die harte Matratze, die kalten Knochen des Fremden in dem Bett, die Qualen der Zwangsarbeit, die Schläge der Aufseher, das Nagen des Hungers:

> Es ist ein intensives, nicht auszudrückendes, physisches Vergnügen, zu Hause zu sein, unter freundlichen Menschen, und so viele Dinge zu erzählen zu haben; ich merke jedoch, daß meine Zuhörer mir nicht folgen. Tatsächlich sind sie völlig gleichgültig, sie sprechen miteinander über andere Dinge, als ob ich gar nicht da wäre. Meine Schwester schaut mich an, steht auf und geht, ohne ein Wort zu sagen, weg.
> Ein tiefer Kummer kommt in mir auf, wie gewisse, kaum erinnerte Schmerzen aus der frühen Kindheit. [...] Mein Traum steht vor mir, noch warm, und obwohl ich wach bin, erfüllen mich immer noch seine Qualen. Und dann fällt mir ein, daß es nicht ein zufälliger Traum ist, sondern daß ich ihn nicht nur einmal, sondern viele Male geträumt habe, seitdem ich hierhergekommen bin [...] und daß es auch der Traum vieler anderer ist, vielleicht von jedem. Warum geschieht das? Warum wird der Schmerz jeden Tages immer wieder in un-

sere Träume übersetzt, in diese ständig wiederholte Szene der Geschichte, welcher niemand zuhört? [...]

Ich schaue mich um, und ich horche. Man kann die Schläfer atmen und schnarchen hören, einige stöhnen und sprechen. Viele lecken sich die Lippen und bewegen die Kiefer. Sie träumen vom Essen: dies ist ebenfalls ein kollektiver Traum. Es ist ein erbarmungsloser Traum, den der Schöpfer des Tantalus-Mythos gekannt haben muß. Man sieht nicht nur die Nahrung, man fühlt sie in den Händen, [...] man riecht ihren starken und ausgeprägten Geruch; im Traum hält jemand sie einem sogar an die Lippen, aber jedesmal verhindert es ein anderer Umstand, daß man sie wirklich verzehrt. Dann löst sich der Traum auf und zerbricht in seine einzelnen Elemente, er bildet sich aber unmittelbar danach neu und beginnt abermals, ähnlich und doch verändert; und so geht es ohne Pause, bei uns allen, jede Nacht und während des ganzen Schlafs.[39]

Diese Träume spiegeln sich gegenseitig, sie vereinigen sich und lösen sich voneinander, mit jenem endlosen Repertoire von ungesagten Wörtern und ungegessener Nahrung. Die Münder, die sich die Lippen lecken und die Kiefer bewegen, wimmeln auch von ungesagten Sätzen, und man weiß nicht, was mehr schmerzt: nicht ernährt oder nicht gehört zu werden. Die Gefangenen, die während des Tages im Kampf um das Überleben isoliert sind, vereinigen sich in der tieferen Einsamkeit des Schlafs und im kollektiven Protest ihrer Alpträume.

Was *ist* Nahrung, daß sie so furchterregend und begehrenswert sein kann? Und warum versuchen alle Hungerkünstler so verzweifelt, sich von ihr nicht einnehmen zu lassen? Essen ist prototypisch für den Austausch mit dem Anderen, mag er nun verbaler, finanzieller oder erotischer Natur sein. Verdauung ist eine Art von fleischlicher Poesie, denn die Metapher hat ihren Usprung in den Wandlungen, die der Körper mit sich selbst vollzieht, während Nahrung die Schatulle aller Stimmungen und Empfindungen ist. Ihre Auflösung im Magen, ihre Aufnahme ins Blut, ihr Austreten durch die Oberhaut, ihre Metempsychose im Dickdarm, ihre Zähflüssigkeit in Austern, ihre Elastizität in Gelees, ihr Flüssigwerden in Puddings, ihr Anschwellen im Schlund von Schlangen, ihre langsame Erosion in den Mägen von Haien, ihre Odyssee durch Weiden, Haine, Weizenfelder, Viehhöfe, Supermärkte, Küchen, Schweinetröge, Müllhalden; die Vorgänge des Säens, Jagens, Kochens, Mahlens, Weiterverarbeitens, Konservierens; die Magie ihrer Mutationen, ihr Sich-Aufblähen im Brot, ihr In-sich-Zusammensacken in Soufflés; roh und gekocht, fest und schmelzend, pflanzlich und mineralisch, Fisch, Fleisch und Geflügel, das ganze Kompendium lebender Substanz. Nahrung ist das Symbol des Übergangs, das Totem der Soziabilität, der Inbegriff aller kreativen und destruktiven Arbeit.
Jorge Luis Borges schreibt: »Die Welt, in der wir leben, ist ein Fehler, eine plumpe Parodie. Spiegel und Vaterschaft vervielfältigen und verfestigen diese Parodie und sind daher Abscheulichkeiten. Ekel ist die Kardinaltugend. Zwei Wege (der Prophet ließ die Wahl zwischen ihnen offen) führen uns dorthin: Abstinenz oder die Orgie, Exzeß des Fleisches oder seine Verleugnung.«[40] Borges meint also,

daß der schnellste Weg zum Ende des Menschen durch seinen Magen führt. Askese und Exzeß, der Hungerstreik und das große Fressen scheinen nur entgegengesetzt zu sein, denn beides führt uns zum Ekel, beides lehrt uns, vor dem großen Fiasko der Schöpfung zurückzuschauern. Kafka meinte einmal, daß der Asket der unersättlichste aller Menschen sei – und in Weiterführung dieses Gedankens könnte man sagen, daß der Vielfraß der enthaltsamste ist. Der eine ißt nichts, der andere alles; aber beide unterliegen dem Ekel und beide sprechen der Nahrung, mag sie auch noch so vielfältig sein, die Fähigkeit ab, unseren Durst nach dem Mangel zu stillen oder unseren immerwährenden Hunger nach dem Ende. Clarissa sagt, daß sie »nur eine Null« ist, was darauf hindeutet, daß sie im Inneren leer ist und ihr Hungern dieser Leere fleischliche Gestalt verleiht (567). Aber es gibt viele Nuancen des Nichts, und jeder Hungerkünstler ißt einen anderen Mangel, spricht ein anderes Schweigen und läßt eine andere Art von Verzweiflung zurück.

Anmerkungen

Bei den Kapitelüberschriften »Autophagie«, »Gynophagie« und »Sarkophagie« handelt es sich um dem Griechischen nachempfundene Kunstwörter mit der Bedeutung ›sich selbst verzehren‹, ›Frauen verzehren‹ und ›Fleisch verzehren‹.

Autophagie

1 Eve Sedgwick, »Labors of Embodiment« (Vortrag, gehalten auf dem Kongreß der Modern Language Association 1987, unveröff. Ms.).
2 Als solche bezeichnet Stephen Dedalus die irische Geschichte in der Nestor-Episode von *Ulysses* (James Joyce, *Ulysses*, Harmondsworth 1986, S. 21).
3 Vgl. Susan Bordo, »Anorexia Nervosa. Psychopathology as the Crystallisation of Culture«, in: Irene Diamond / Lee Quinby (Hrsg.), *Feminism and Foucault. Reflections on Resistance*, Boston 1988, S. 90.
4 Joyce, *Ulysses* (s. Anm. 2), S. 299.
5 Michel Foucault, *The History of Sexuality*, Bd. 1, *An Introduction*, übers. von Robert Hurley, New York 1980, S. 155. (Dt.: *Sexualität und Wahrheit*, Bd. 1: *Der Wille zum Wissen*, übers. von Ulrich Raulff und Walter Seitter, Frankfurt a.M. 1977.)
6 Vgl. Stephen Greenblatt, *Renaissance Self-Fashioning. From More to Shakespeare*, Chicago 1980, S. 179.
7 Roy Trakin, »Life in the Fasting Lane«, in: *Details*, November 1989, S. 169.
8 Siehe Caroline Bynum, *Holy Feast and Holy Fast. The Religious Significance of Food to Medieval Women*, Berkeley 1987, S. 192.
9 Lukas Barr, »An Interview with Gayatri Chakravorty Spivak«, in: *BLAST unLtd*, Sommer 1989, S. 12.
10 Amartya Sen, *Poverty and Famines. An Essay on Entitlement and Deprivation*, Oxford 1982, S. 8.
11 V. N. Voloshinov, *Marxism and the Philosophy of Language*,

übers. von Ladislav Matejka und I. R. Titunik, Cambridge (Mass.) 1986, S. 87–89.
12 Theodor W. Adorno / Max Horkheimer, *Dialektik der Aufklärung. Philosophische Fragmente*, Frankfurt a. M. 1969, S. 62.
13 Hillel Schwartz, *Never Satisfied. A Cultural History of Diets, Fantasies and Fat*, New York 1986.
14 Ebd., S. 39, 17, 125 und 126.
15 Zit. nach: ebd., S. 25.
16 Zit. nach: ebd., S. 38.
17 Ebd., S. 140 f.
18 Jean Anthelme Brillat-Savarin, *Physiologie du goût*, hrsg. von Michel Giubert, Paris 1975, S. 98. (Dt.: *Physiologie des Geschmacks oder Betrachtungen über das höhere Tafelvergnügen*, ausgew., übers. und eingel. von Emil Ludwig, Frankfurt a. M. 1979.)
19 Sigmund Freud, »Hemmung, Symptom und Angst«, in: *Gesammelte Werke. Chronologisch geordnet*, hrsg. von Anna Freud [u. a.], Frankfurt a. M. ²1964, Bd. 14, S. 113–205; hier S. 150. (Im folgenden zitiert als: GW.)
20 Schwartz (s. Anm. 13), S. 335 f.
21 Simone Weil, *Gravity and Grace*, übers. von Emma Craufurd, London 1987, S. 18.
22 Jean Baudrillard, *America*, übers. von Chris Turner. London 1988, S. 38 f. (Dt.: *Amerika*, übers. von Michaela Ott, München 1987.)
23 Während Fett für Amerikaner das Stigma der Vergangenheit darstellt, assoziiert Thomas Mann es mit Verzögerung, mit *der Verschwendung* von Zeit. Im *Zauberberg* (1924) stellt er eine Welt dar, die völlig vom »Verbrauch« bestimmt ist – und zwar im ökonomischen, medizinischen und alimentären Sinne des Wortes. In dieser Welt ist Arbeit der Vergessenheit anheimgefallen, und es sind nur noch Parasiten übriggeblieben, die sich, in Ermangelung des Herzbluts der Produktion, von sich selbst nähren. In diesem autophagen System schwindet der Körper so schnell dahin, wie er essen kann, das heißt, er wird von der lebensspendenden Nahrung selbst verzehrt. »[...] ein Löwenappetit herrschte im Gewölbe«, konstatiert verwundert Hans Castorp, »ein Heißhunger, dem zuzusehen wohl ein Vergnügen gewesen wäre, wenn er nicht gleichzeitig auf irgendeine Weise unheimlich, ja abscheulich gewirkt hätte« (zit. nach der Taschenbuchausgabe Frankfurt a. M. 1967, S. 81). Der Terminus »Verbrauch« wird aber auch auf die Ge-

schichte selbst angewandt, das heißt, auf die Zeit, die verbraucht wird, um sie zu erzählen. Die Figuren warten auf den Tod, so wie der Leser darauf wartet, daß die Handlung einem Ende zugeführt wird; sie verschwenden Zeit, so wie ein Vielfraß Nahrung verschwendet. Die Zeit auf dem Zauberberg ist so in die Länge gezogen, daß sie keinerlei Grenzen mehr hat, und die zum Tode Verurteilten verschlingen ihre Zeit gleich »einem Fresser, dessen Verdauuungsapparat die Speisen, ohne ihre Nähr- und Nutzwerte zu verarbeiten, massenhaft durchtriebe« (ebd., S. 254). Der sich auszehrende Körper findet sein Pendant in dem dicken Roman selbst, in dem mit der Zeit sehr variabel umgegangen wird: an einigen Stellen dehnend, an anderen zusammenziehend, zerfällt der Roman schon während seiner Abfassung. Für Thomas Mann ist Zeit das Fett, mit dem Romanciers ihren Text ausstopfen, so wie das Leben das unerbittliche Prinzip der Entropie mästet.

24 Edmund Spenser, *A Brief Note of Ireland*, in: E. S., *Works*, Bd. 9, Baltimore 1949, S. 244.
25 Cecil Woodham-Smith, *The Great Hunger. Ireland 1845–1849*, London 1987, S. 22.
26 Sigmund Freud, *Jenseits des Lustprinzips*, in: GW XIII, S. 3–66; insbes. S. 36 f.
27 Andrée D. Sheehy Skeffington (Hrsg.), *Votes for Women. Irish Women's Struggle for the Vote*, Dublin [o. J.], S. 23.
28 Ich bin Luke Gibbons zu Dank verpflichtet, daß er mir diese Theorien in einem Gespräch dargelegt und mich auf Hannah Sheehys Skeffingtons Lebenserinnerungen (vgl. dazu Anm. 27) hingewiesen hat.
29 *Senchus Mor*, Bd. 1, Dublin / London 1865, S. 113 und 119.
30 Siehe David Beresford, *Ten Men Dead. The Story of the 1981 Irish Hunger Strike*, London 1987, S. 14 f.
31 Fred Norris Robinson, »Notes on the Irish Practice of Fasting as a Means of Distraint«, in: *Putnam Anniversary Volume*, Cedar Rapids (Iowa) 1909, S. 570 f.
32 *Senchus Mor* (s. Anm. 29), S. 119. Vgl. auch Fergus Kelly, *A Guide to Early Irish Law*, Dublin 1988 (Early Irish Law Series, Bd. 3), S. 182 f.
33 Vgl. hierzu Bynum (s. Anm. 8). Die Autorin legt dar, daß die »mittelalterlichen Bemühungen, den Körper zu disziplinieren und manipulieren« (S. 6) nicht so sehr als »Fluchtversuche vor der Körperlichkeit« interpretiert werden sollten, sondern als

Erproben der verschiedenen »Möglichkeiten« von Körperlichkeit.

34 J. M. Coetzee, *Life and Times of Michael K*, Harmondsworth 1985. (Dt.: *Leben und Zeit des Michael K.*, übers. von Wulf Teichmann, München / Wien 1986.)

35 Von »Zitat« und »Leben nach dem Tod« sprach Seamus Heaney in einem Gespräch mit mir.

36 Wole Soyinka, *The Man Dies. Prison Notes*, London 1985, S. 215 (erstmals erschienen 1972). (Dt.: *Der Mann ist tot. Aufzeichnungen aus dem Gefängnis*, übers. von Inge Uffelmann und Melanie Walz, Zürich 1987.)

37 Siehe Rudolph M. Bell. *Holy Anorexia*, Chicago 1985, S. 20, und Bynum (s. Anm. 8), S. 194–207.

38 Hilde Bruch, *Conversations with Anorectics*, hrsg. von Danita Czyzewski und Melanie A. Suhr, New York 1988. Die Tradition, um einer Vision willen zu fasten, ist älter als das Christentum und in vielen anderen Religionen bekannt. Sie war zum Beispiel unter den Ureinwohnern Amerikas verbreitet; siehe: »The Autobiography of a Winnebago Indian« und »Mountain Wolf Woman«, in: *The Portable North American Indian Reader*, hrsg. von Frederick W. Turner III., Harmondsworth 1977, S. 382–385 und 455–457. Über Beziehungen zwischen Hunger und Halluzinationen im Mittelalter vgl. Piero Camporesi, *Bread of Dreams. Food and Fantasy in Early Modern Europe*, übers. von David Gentilcore, Chicago 1989. Eine allgemeine Darstellung des Zusammenhangs zwischen Fasten, Träumen, Visionen und Offenbarungen gibt J. A. McCullough in dem Artikel »Fasting« in der *Encyclopedia of Religion and Ethics*, hrsg. von James Hastings [u. a.], New York 1908–1927, Bd. 5, S. 762.

39 Victor von Weizsäcker, »Dreams in Endogenic *Magersucht*«, in: *Evolution of Psychoanalytic Concepts. Anorexia Nervosa. A Paradigm*, hrsg. von M. Ralph Kaufmann [u. a.], London 1964, S. 189 f.

40 Dies ist der Titel von Cherry Boone O'Neills autobiographischem Bericht über ihre Anorexie: Ch. O'N., *Starving for Attention*, New York 1982.

41 Siehe Salvator Minuchin / Bernice L. Rosman / Lester Baker, *Psychosomatic Families. Anorexia Nervosa in Context*, Cambridge (Mass.) 1978; S. 11.

42 Victor Serge, *The Case of Comrade Tulayev*, übers. von Willard

R. Trask, Garden City (N.Y.) 1951, S. 190–210. (Dt.: *Die große Ernüchterung. Der Fall Tulajew,* übers. von N. O. Scarpi, Hamburg 1950.)
43 Coetzee, *Life and Times of Michael K* (s. Anm. 34), S. 150f., 199.
44 Seamus Heaney, »Station Island IX«, in: S. H., *Station Island,* New York 1989, S. 84.
45 Uri Eisenzweig, »Terrorism in Life and in Real Literature«, in: *Diacritics* 18 (1988), Nr. 3, S. 34 und 33.
46 Siehe Padraig O'Malley, *Biting at the Grave. The Irish Hunger Strikes and the Politics of Despair,* Boston 1990, S. 7, 57, 207.
47 David Beresford, »A Race Against Death«, in: *The Guardian,* 29. April 1987, S. 9.
48 Jean Baudrillard, *In the Shadow of the Silent Majorities ... Or, The End of the Social and Other Essays,* übers. aus dem Frz., New York 1983, S. 48–58.
49 Joseph Conrad, *The Secret Agent. A Simple Tale,* London 1925. – Seitenzahlen im Text beziehen sich auf diese Ausgabe.
50 Die Greenwich-Standard-Zeit wurde 1882 eingeführt, vielleicht deswegen wollen die Terroristen in Conrads Roman den Null-Meridian zerstören; sie drohen der Zeit selbst Gewalt anzutun und deren neuem Epizentrum Greenwich und wollen damit Vorstellungen von Abfolge, Rhythmus und Chronologie zerstören. Siehe Stephen Kern, *The Culture of Time and Space, 1880–1918,* Cambridge (Mass.) 1983; S. 13 und S. 16.
51 Liz Curtiz hat nachgewiesen, daß der Ausdruck *Terrorismus* im Propagandakrieg in Nordirland zu einer entscheidenden Waffe geworden ist. Er wird nämlich weit öfter auf die Aktivitäten der IRA angewandt als auf die ihrer protestantischen Gegner. Um gegen diese stigmatisierende Bezeichnung als »Terrorist« zu protestieren, begannen die Männer in Long Kesh ursprünglich ihren Hungerstreik. Siehe Liz Curtiz, *Ireland. The Propaganda War,* London 1984.
52 Sheila MacLeod, *The Art of Starvation,* London 1981.
53 Siehe Stuart Schneiderman, *An Angel Passes. How the Sexes Became Undivided,* New York 1988, S. 173.
54 Jackie Barrile, *Confessions of a Closet Eater* (1983); zit. nach: Joan Brumberg, *Fasting Girls. The Emergence of Anorexia Nervosa as a Modern Disease,* Cambridge (Mass.) 1988, S. 282, Anm. 25.
55 Ebd., S. 20.
56 Ebd., S. 19.

57 Bruch (s. Anm. 38), S. 4.
58 Susie Orbach, *Hunger Strike*, London 1986.
59 Siehe u. a. »The Peter Pan Syndrome. Was James M. Barrie Anorexic?«, in: *International Journal of Eating Disorders* 8 (1989) Nr. 3, S. 369–376; Manfred M. Fichter, »The Anorexia Nervosa of Franz Kafka«, in: *International Journal of Eating Disorders* 6 (1987) Nr. 3, S. 367–377; M. M. Fichter, »Goethe's Ottilie. An Early 19th Century Description of Anorexia Nervosa«, in: *Journal of the Royal Society of Medicine* 83 (1990) S. 581–585; Heather Kirk Thomas, »Emily Dickinson's ›Renunciation‹ and Anorexia Nervosa«, in: *American Literature* 60 (1988) Nr. 2, S. 205–225.
60 Sandra Gilbert / Susan Gubar, *The Madwoman in the Attic. The Woman Writer and the Nineteenth Century Imagination*, New Haven 1979, S. xi, 25, 53–59.
61 Vgl. Helena Michie, *The Flesh Made Word. Female Figures and Women's Bodies*, Oxford 1987, S. 12 ff.
62 Vgl. *The Letters of George Cheyne to Samuel Richardson, 1733–1743*, hrsg. von Charles F. Mulett, Columbia 1943, S. 69. Und: T. C. Duncan Eaves / Ben Kimpel, *Samuel Richardson. A Biography*, Oxford 1971, S. 63.
63 Wilma Paterson, »Was Byron Anorexic?«, in: *World Medicine*, 17 (15. Mai 1982) S. 35–38.
64 James B. Twitchell, *The Living Dead. A Study of the Vampire in Romantic Literature*, Durham (N.C.) 1981, S. 142.
65 Michel Serres, *The Parasite*, übers. von Lawrence R. Scher, Baltimore 1982, S. 131. (Dt.: *Der Parasit*, übers. von Michael Bischoff, Frankfurt a. M. 1981.)
66 James Joyce, *Finnegans Wake*, New York 1967, S. 186 (erstmals erschienen 1939).
67 Vgl. André Gide, *So Be It; or, The Chips are Down*, übers. von Justin O'Brien, New York 1959, S. 5: »Ich habe die Bekanntschaft eines Wortes gemacht, das die *condition*, an der ich seit Monaten gelitten habe, beschreibt – ein sehr schönes Wort: Anorexia [...].« Siehe auch S. 8.
68 Knut Hamsun, *Hunger*, übers. von Robert Bly, New York 1986, S. 36 und 33.
69 Aldous Huxley: The Farcical History of Richard Greenow. In: A. H., *Limbo. Six Stories and a Play*, New York 1920.
70 William Butler Yeats, *Collected Poems*, New York 1956, S. 159.

71 William Butler Yeats, *Per Amica Silentia Lunae*, in: W. B. Y., *Mythologies*, New York 1969, S. 341.
72 Vgl. z. B. John Keats' »An Fanny«: »Arzt Natur! Laß meinen Geist bluten, / O erleichtere mein Herz von Versen und laß mich ruhen; / Wirf mich auf deinen Dreifuß bis die Flut / Drückender Verse auf meiner vollen Brust verebbt.«

Gynophagie

1 Gaston Bachelard drückt das so aus: »Das Kind führt die Dinge im Mund bevor es sie kennt.« Das »Reale« ist ihm »vom ersten Augenblick an Nahrungsmittel«. Siehe »Le Mythe de la Digestion«, in: G. B., *La Formation de l'ésprit scientifique. Contribution à une psychoanalyse de la connaissance objective*, Paris ¹¹1980, S. 169. (Dt.: *Die Bildung des wissenschaftlichen Geistes. Beitrag zu einer Psychoanalyse der objektiven Erkenntnis*, übers. von Michael Bischoff, Einl. von Wolf Lepenies, Frankfurt a. M. 1978.)
2 Ludwig Feuerbach, *Gesammelte Werke*, hrsg. von Werner Schuffenhauer, Bd. 10: *Kleinere Schriften III (1846–1850)*, Berlin ²1982, S. 357.
3 Brief an Richard Woodhouse vom 21.–22. September 1819, in: *Letters of John Keats*, hrsg. von Robert Gittings, Oxford 1975, S. 293.
4 Georg Wilhelm Friedrich Hegel, *Phänomenologie des Geistes*, Stuttgart 1987, S. 87.
5 Georg Wilhelm Friedrich Hegel, *Vorlesungen über die Ästhetik. Erster und zweiter Teil*, hrsg. von Rüdiger Bubner, Stuttgart 1984, S. 83.
6 Karl Marx / Friedrich Engels, *Werke. Ergänzungsband*, Tl. 1, Berlin 1968, S. 578.
7 Wie Marx W. Wartovsky in *Feuerbach*, Cambridge 1977, S. 413, erklärt, griff Feuerbach ein schon existierendes Wortspiel auf.
8 Sylvia Pankhurst, *The Suffragette Movement. An Intimate Account of Persons and Ideals*, Einl. von Richard Pankhurst, London 1977, S. 443 f. (erstmals erschienen 1931).
9 Ebd., S. 444–447.
10 Djuna Barnes, »How it Feels to be Forcibly Fed«, in: *New York World Magazine*, 6. September 1914; wiederabgedr. in:

D. B., *New York*, hrsg. von Alyce Barry, London 1990, S. 175, 179.

11 Constance Lytton, *Prisons and Prisoners. The Stirring Testimony of a Suffragette*, Einl. von Midge Mackenzie, London 1988, S. 270 (erstmals erschienen 1914).

12 Siehe Jean Laplanche, *Life and Death in Psychoanalysis*, übers. von Jeffrey Mehlman, Baltimore 1976, S. 15–20.

13 Melanie Klein, *Love, Guilt and Reparation and Other Works 1921–1945*, Einl. von Roger E. Money-Kyrle, New York 1977, S. 290.

14 Laplanche (s. Anm. 12) S. 23 f.

15 Bachelard schreibt dazu in *Le Mythe de la Digestion* (s. Anm. 1) S. 169: »Die Verdauung entspricht in ihrer Wirkung einer Inbesitznahme von unvergleichlicher Gewißheit, von unangreifbarer Sicherheit.«

16 Julia Kristeva, *Powers of Horror. An Essay on Abjection*, übers. von Leon S. Roudiez, New York 1982; S. 3.

17 Sigmund Freud: *Massenpsychologie und Ich-Analyse*, in: GW XIII, S. 116.

18 Ebd.

19 Melanie Klein (Mourning and its Relation to Manic-Depressive States«, in: Klein (s. Anm. 13) S. 346 und 345.

20 Ebd., S. 364.

21 Nicolas Abraham / Maria Torok, *The Wolf Man's Magic Word. A Cryptonomy*, übers. von Nicholas Rand, Minneapolis 1986. (Dt.: *Kryptonymie. Das Verbarium des Wolfsmanns*, vorangestellt »FORS« von Jacques Derrida, übers. von Werner Hamacher, Frankfurt a. M. / Berlin / Wien 1979.)

22 Zit. in: Salvator Minuchin / Bernice L. Rosman / Lester Baker, *Psychosomatic Families. Anorexia Nervosa in Context*, Cambridge (Mass.) 1978, S. 14.

23 Karl Abraham, »A Short Study of the Development of the Libido«, in: *Selected Papers*, London 1927, S. 418. Siehe auch Kleins 1935 erstmals erschienenen Aufsatz »A Contribution to the Psychogenesis of Manic-Depressive States«, in: *Love, Guilt and Reparation* (s. Anm. 13) S. 269.

24 Leo Bersani spricht von der »moribunden Natur des Ego« bei Freud, das den »Status einer Art von Friedhof« besitzt. L. B., *The Freudian Body. Psychoanalysis and Art*, New York 1986, S. 93–100.

25 Vgl. J. A. McCullough, »Fasting«, in: *Encyclopedia of Religion and Ethics*, hrsg. von James Hastings [u. a.], New York 1908–1927, Bd. 5, S. 760.
26 Sigmund Freud: »Über Triebumsetzungen, insbesondere der Analerotik«, in: GW X, S. 402–410, hier S. 406. Kastrationsfantasien enthüllen, daß auch der Penis als abnehmbar und deswegen als analog zu allen anderen Währungen in diesem unbewußten Handel betrachtet wird.
27 John V. Waller, M. Ralph Kaufman und Felix Deutsch meinen, Anorexie impliziere den Wunsch, »durch den Mund geschwängert zu werden, was manchmal zu zwanghaftem Essen, manchmal zu Schuldgefühlen und in Folge davon zum Zurückweisen der Nahrung führt«. Selbst das Ausbleiben der Regelblutung ahmt eine Schwangerschaft, in der ja die Menstruation einige Zeit lang ausbleibt, nach; wiewohl dieses Symptom »auch Teil der direkten Ablehnung genitaler Sexualität« sein kann. Siehe Waller / Kaufman / Deutsch, »Anorexia Nervosa, A Psychosomatic Entity, in: M. Ralph Kaufman [u. a.] (Hrsg.), *Evolution of Psychosomatic Concepts. Anorexia Nervosa. A Paradigm*, London 1964, S. 272.
28 E. I. Falstein / S. E. Feinstein / I. Judas, »Anorexia Nervosa in the Male Child«, in: *American Journal of Orthopsychiatry* 26 (1956), S. 751–772; zit. nach: Minuchin / Rosman / Baker (s. Anm. 22) S. 15.
29 Susie Orbach schreibt: »Sie denkt daran, wieviel sie gegessen hat, wie sie in den nächsten Tagen nicht essen wird und wieviel besser sie sich fühlen wird, wenn sie sich einmal einen Plan zurechtgelegt haben wird. Mit anderen Worten, sie wird in ihre Obsession hineingelenkt, in einen Bereich, in dem alle Dinge in Ordnung sind.« S. O., *Hunger Strike*, London 1986, S. 115.
30 Zit. nach: Rudolph M. Bell, *Holy Anorexia*, Chicago 1985, S. 16.
31 Margaret Atwood, *The Edible Woman*, London 1980, S. 115 (erstmals erschienen 1969). (Dt.: *Die eßbare Frau*, übers. von Werner Waldhoff, Düsseldorf 1985.)
32 Klein (s. Anm. 13) S. 33.
33 Lewis Hyde, *The Gift. Imagination and the Erotic Life of Property*, New York 1983, S. 10.
34 Salman Rushdie, »Is Nothing Sacred?«, The Herbert Read Memorial Lecture, 9. Februar 1990, Granta 1990, S. 2.

35 Siehe Stuart Schneiderman, *An Angel Passes. How The Sexes Became Undivided*, New York 1988, S. 173.
36 Gilles Deleuze / Félix Guattari, *Kafka. Für eine kleine Literatur*, Frankfurt a. M. 1976, S. 29.
37 Virginia Woolf, *Between the Acts*, Harmondsworth 1973, S. 11 (erstmals erschienen 1941).
38 Deleuze und Guattari (s. Anm. 36) meinen: »Gewiß kann man beim Essen schreiben, es ist leichter, als beim Essen zu sprechen, aber das Schreiben verwandelt die Wörter eher in Dinge, die mit Nahrung rivalisieren können« (S. 29).
39 Ella Freeman Sharpe, »Psycho-Physical Problems Revealed in Language. An Examination of Metaphor« (1940), in: E. F. Sh., *Collected Papers on Psycho-Analysis*, hrsg. von Marjorie Brierley, London 1978, S. 157, 162, 163.
40 Schneiderman (s. Anm. 35) S. 171.
41 Vgl. Alison Glenny, *Ravenous Identity. The Influence of Anorexic Patterns of Thinking on the Treatment of Food in Virginia Woolf's Fiction*, Diss. London 1990, S. 41.
42 Schneiderman (s. Anm. 35) S. 171.
43 Victoria Shahly, »Eating Her Words. Food Metaphor as Transitional Symptom in the Recovery of a Bulimic Patient«, in: *The Psychoanalytic Study of the Child* 42 (1987) S. 408–421.
44 Mary Gordon, *Final Payments*, New York 1979 (erstmals erschienen 1978). – Seitenzahlen im Text beziehen sich auf diese Ausgabe.
45 Cherry Boone O'Neill, *Starving for Attention*, New York 1982, S. 12.
46 Shahly (s. Anm. 43) S. 408.
47 Michel Serres, *The Parasite*, übers. von Lawrence R. Scher, Baltimore 1982, S. 106. (Dt.: *Der Parasit*, übers. von Michael Bischoff, Frankfurt a. M. 1981.)
48 Siehe Jacques Lacan, *The Four Fundamental Concepts of Psychoanalysis*, hrsg. von Jacques-Alain Miller, übers. von Alan Sheridan, London 1977, S. 104. (Dt.: *Die vier Grundbegriffe der Psychoanalyse*, übers. von Norbert Haas, Olten / Freiburg i. Br. 1978.) Siehe auch Ellie Ragland-Sullivan, *Jacques Lacan and the Philosophy of Psychoanalysis*, Urbana 1986, S. 73.
49 Orbach (s. Anm. 29) S. 99–101.
50 Sigmund Freud, »Psychoanalyse und Telepathie«, in: GW XVII, S. 27–45. Und: »Traum und Telepathie«, in: GW XIII, S. 163–191.

Siehe auch Jacques Derrida, »Telepathy«, in: *Oxford Literary Review* 10 (1988), S. 3–41. Und: Nicholas Royle, *Telepathy and Literature. Essays on the Reading Mind*, Oxford 1991.
51 James Joyce, *Ulysses*, Harmondsworth 1986, S. 32.
52 Bram Stoker, *Dracula*, Oxford 1983. – Seitenzahlen im Text beziehen sich auf diese Ausgabe.
53 Über die »gefährliche Ergänzung« bei Rousseau siehe Jacques Derrida, *Of Grammatology*, übers. von Gayatri Chakravorty Spivak, Baltimore 1976, S. 141–164. (Dt.: *Grammatologie*, übers. von Hans-Jörg Rheinberger und Hanns Zischler, Frankfurt a. M. 1974.)
54 Serres (s. Anm. 47) S. 80.

Sarkophagie

1 William Butler Yeats, *The King's Threshold*, in: *Collected Plays*, London 1982, S. 108. – Seitenzahlen im Text beziehen sich auf diese Ausgabe.
2 Yeats in einer Anmerkung zu der revidierten Fassung von *The King's Threshold*. In: *Plays in Prose and Verse Written for an Irish Theatre*, London 1922, S. 243. Zur Chronologie der Überarbeitungen siehe John Ress Moore, *Masks of Love and Death. Yeats as Dramatist*, Ithaca (N.Y.) 1971, S. 423.
3 David Beresford, *The Men Dead. The Story of the 1981 Irish Hunger Strike*, London 1987, S. 19. Terence MacSwiney entwickelte seine Philosophie auf der Basis von Thomas von Kempens *Nachfolge Christi;* er las das Werk unermüdlich zusammen mit seiner Schwester Mary während der letzten Tage seines Hungerstreiks. Siehe Charlotte H. Fallon, *Soul of Fire. A Biography of Mary MacSwiney*, Cork / Dublin 1986, S. 46 und S. 51.
4 Die letzte Fassung des Stücks wurde zuerst in *Plays in Prose and Verse for an Irish Theatre* (s. Anm. 2) veröffentlicht. Yeats erklärt dort in einer Anm. auf S. 243, daß er dem Schauspiel »das tragische Ende« gegeben habe, »das ich ihm schon in der ersten Fassung gegeben hätte, wenn mir nicht ein Freund geraten hätte, ›eine Komödie zu schreiben und ein paar vergnügliche Augenblicke im Theater zu haben‹«.
5 Yeats könnte diese Vorstellung dem unter dem Pseudonym ›Aristoteles‹ erschienenen *Masterpiece* (1694) entnommen haben,

einem Werk, in dem pseudosexuelle und pseudomedizinische Erkenntnisse enthalten waren, und das offenbar im England des 17. und 18. Jahrhunderts zu den weitverbreitetsten dieser Art gehörte.
6 William Butler Yeats, *Collected Poems,* New York 1956, S. 1919.
7 Siehe Yeats, »Among School Children« und »The Gift of Harun Al-Rashid«, in: Ebd., S. 213 und S. 444.
8 Ebd., S. 157f.
9 William Butler Yeats, *Per Amica Silentia Lunae,* in: W. B. Y., *Mythologies,* New York 1969, S. 341, 337, 329, 332.
10 CH'U YU II, 2; zit. nach: René Girard, *Violence and the Sacred,* übers. von Patrick Gregory, Baltimore 1986, S. 8.
11 Girard (s. Anm. 10) S. 39.
12 Franz Kafka, »Ein Hungerkünstler«, in: *Erzählungen,* hrsg. von Max Brod, Frankfurt a. M. 1983. – Seitenzahlen im Text beziehen sich auf diese Ausgabe.
13 Franz Kafka, *Tagebücher 1910–1923,* hrsg. von Max Brod, Frankfurt a. M. 1983, S. 353.
14 Siehe Breon Mitchell, »Kafka and the Hunger Artists«, in: *Kafka and the Contemporary Critical Performance,* hrsg. von Alan Udoff, Bloomington 1987, S. 236–255.
15 Siehe Jean Jofen, *The Jewish Mystic in Kafka,* New York 1987, S. 101. – Patrick Mahoney hat darauf hingewiesen, daß in der Erzählung eine »ironische Umkehrung« stattfindet: die vierzig Tage beginnen nicht, sondern enden mit einer Parodie der Taufe. Siehe P. M., »Kafka's ›A Hunger Artist‹ and the Symbolic Nuclear Principle«, in: P. M., *Psychoanalysis and Discourse,* hrsg. von David Tuckett, London 1987, S. 198.
16 Siehe Mahoney (s. Anm. 15) S. 208, Anm. 17.
17 In *Totem und Tabu* (1912–1913) legt Freud dar, daß die Opferrituale primitiver Religionen in den Zwangszeremoniellen zivilisierter Neurotiker überlebt haben. Ganz ähnlich deutet Kafka an, daß das Fasten sich von einem öffentlichen Ritual zu einer privaten Zwangshandlung gewandelt hat. Als der Hungerkünstler schließlich eingesteht, daß er kein Artist, sondern ein Anorektiker ist, der nie die Speise finden konnte, die ihm schmeckte, wird sein Opfer jeder sozialen Bedeutung beraubt.
18 Theodor W. Adorno / Max Horkheimer, *Dialektik der Aufklärung. Philosophische Fragmente,* Frankfurt a. M. 1969, S. 62.

19 Gilles Deleuze / Félix Guattari, *Kafka, Für eine kleine Literatur*, Frankfurt a. M. 1976, S. 29.
20 Franz Kafka, »Die Verwandlung«, in: *Erzählungen* (s. Anm. 12). – Seitenzahlen im Text beziehen sich auf diese Ausgabe.
21 Franz Kafka, »Forschungen eines Hundes«, in: *Beschreibung eines Kampfes. Novellen, Skizzen, Aphorismen aus dem Nachlaß*, hrsg. von Max Brod, Frankfurt a. M. 1983. – Seitenzahlen im Text beziehen sich auf diese Ausgabe.
22 In dieser Bedeutung verwendet zum Beispiel Thomas De Quincey das Wort in seiner Erzählung »Mr. Schnackenburger; or, Two Masters for One Dog« (1823), die von einem Mann mit ›hündischem‹ Appetit handelt, der beschuldigt wird, Kinder zu fressen. »Es gab einen Fall von Bulimie in Toulouse. Die französischen Ärzte fingen den Patienten und pumpten ihn voll Opium. Aber es war vergeblich, denn er fraß so viele Kinder wie zuvor.« Obwohl der Patient alles abstreitet – »›Auf meine Ehre‹, sagte er manchmal, ›unter uns: ich esse nie Kinder‹« – besteht kein Zweifel daran, daß er »paedophag oder infantivor« sein muß, denn »es ist unbestreitbar, daß, wo immer er auftrat, sich eine gewisse Knappheit an Kindern bemerkbar machte.« Thomas De Quincey, *The Collected Writings*, hrsg. von David Masson, Edinburgh 1890, Bd. 12, S. 356, 357 Anm.
23 Stuart Schneiderman, *An Angel Passes. How the Sexes Became Undivided*, New York 1988, S. 171.
24 Siehe Jochen Schulte-Sasse, Vorwort zu Peter Bürger, *Theory of the Avant-Garde*, übers. von Michael Shaw, Minneapolis 1984, S. ix.
25 Kafkas forschender Hund beginnt tatsächlich, sich selbst zu verzehren: »[...] als ich mich im Hunger krümmte, schon in einiger Geistesverwirrung immerfort bei meinen Hinterbeinen Rettung suchte und sie verzweifelt leckte, kaute, aussaugte, bis zum After hinauf [...]« (209).
26 Ciaran Nugent war 1976 der erste Gefangene, der sich weigerte, Häftlingskleidung zu tragen. Siehe Patrick Bishop / Eamonn Mallie, *The Provisional IRA*, London 1987, S. 349f. Siehe auch Tim Pat Coogan, *On the Blanket. The H-Block Story*, Dublin 1980.
27 Gerry Adams führt aus, daß der »Schmutz-Protest« von den Wärtern initiiert wurde, indem sie Nachttöpfe auf den Betten der Häftlinge ausleerten. Siehe G. A., *The Politics of Irish Freedom*, Dingle 1986, S. 74.

28 Cecil Woodham-Smith, *The Great Hunger. Ireland 1845–49*, London 1987, S. 16.
29 John Berger, *Ways of Seeing*, London 1972, S. 47. (Dt.: *Sehen. Das Bild der Welt in der Bilderwelt*, übers. von Axel Schenck, Reinbek 1974.)
30 Die fünf Forderungen waren: (1) das Recht, die eigene Kleidung zu tragen; (2) das Recht, keine Gefängnisarbeiten verrichten zu müssen; (3) das Recht, sich ungehindert mit anderen Gefangenen treffen zu können; (4) das Recht auf evtl. Verkürzung der Haftzeit um die Hälfte; (5) die Möglichkeit, Besuch empfangen zu können und Pakete; Zugang zu Einrichtungen, die der Weiterbildung und der Erholung dienten. Siehe Tim Pat Coogan, *The IRA*, überarb. Ausg. Glasgow 1987, S. 616 (erstmals erschienen 1970).
31 Siehe Liz Curtis, *Ireland. The Propaganda War*, London 1984.
32 Samuel Richardson, *Clarissa, or the History of a Young Lady*, hrsg. von Angus Ross, Harmondsworth 1985 (erstmals erschienen 1747–48). – Seitenzahlen im Text beziehen sich auf diese Ausgabe.
33 Terry Castle, *Clarissa's Chiphers. Meaning and Disruption in Richardson's Clarissa*, Ithaca (N.Y.) 1982, S. 38.
34 Siehe Judith Wilt, »He Could Go No Farther: A Modest Proposal about Lovelace and Clarissa«, in: *Proceedings of the Modern Language Association* 92 (1977) S. 19.
35 Jacques Lacan, Seminar über »The Purloined Letter«, in: *Yale French Studies* 48 (1972) S. 57. (Dt. in: J. L., *Schriften*, hrsg. von Norbert Haas, übers. von Rodolphe Gasché [u. a.], Bd. 1, Olten / Freiburg i. Br. 1973.
36 Siehe Jacques Derrida, *The Postcard*, übers. von Alan Bass, Chicago 1987, S. 39: »Der Name sollte ohne einen lebendigen Träger stehen können und ist deswegen immer ein wenig der eines Toten.« (Dt.: *Die Postkarte. Von Sokrates bis Freud und jenseits*, übers. von Hans-Joachim Metzger, 2 Bde., Berlin 1982 und 1987).
37 Eine brillante Analyse dieser Dreiecksbeziehung des Begehrens gibt Eve Kosofsky Sedgwick, *Between Men. English Literature and Male Homosocial Desire*, New York 1985, passim.
38 Doch selbst Clarissa betrachtet das Schreiben als etwas Abstoßendes und Libidinöses. Lovelaces »Ich muß weiterschreiben, ich kann nicht anders«, (721) hallt nach in Clarissas »Ich *muß* weiterschreiben« (904). Siehe Terry Eagleton, *The Rape of Clarissa*, Minneapolis 1982, S. 42.

39 David Herlihy, »The Making of the Medieval Family. Symmetry, Structure and Sentiment, in: *Journal of Family History* 8 (1983) Nr. 2, S. 116.
40 Die katholische Kirche Englands – vertreten durch Kardinal Hume – betrachtete die Toten des Hungerstreiks als Selbstmörder. Siehe Beresford (s. Anm. 3) S. 342.
41 Siehe Petr Skrabanek, »Notes Toward the History of Anorexia Nervosa«, in: *Janus. Revue internationale de l'histoire des sciences, da la médecine et de la technique* 70 (1983) S. 109–128.
42 Tatsächlich sind es Lovelaces eigene Briefe, die Clarissa gegen ihn einsetzt. Sie schreibt an Anna Howe: »Ich hatte mit den Einzelheiten meiner tragischen Geschichte begonnen, aber es ist eine so schmerzhafte Aufgabe [...], daß ich sie – wenn es sich vermeiden ließe – nicht fortsetzen wollte. [...] Mr. Lovelace hat – wie es scheint – seinem Freund Mr. Belford alles mitgeteilt, was zwischen ihm und mir vorgefallen ist, [...] und daher wird man die Einzelheiten meiner Geschichte und die gemeinen Machenschaften dieses schurkischen Mannes, wie ich denke, am besten aus seinen eigenen Briefen erfahren können« (1163).
43 Siehe Beresford (s. Anm. 3) S. 30.
44 Siehe Derrida (s. Anm. 36) S. 29.
45 Die Gefangenen gaben jedoch – folgt man Beresfords Bericht – die Homoerotik dieses Austausches nie offen zu, so als ob dies Anlaß zum Zotenreißen geben hätte können. Eve K. Sedgwick hat in *Between Men* (s. Anm. 37) darauf hingewiesen, daß die homo*sozialen* Bindungen in einer patriarchalischen Gesellschaft von der Unterdrückung der homo*sexuellen* Komponente abhängig sind, was unter anderem zu wütender Verfolgung homosexueller Männer führt. Die erotischen Beziehungen von Frauen zueinander ko-existieren hingegen in einer friedvolleren Weise mit den platonischen Banden, die aufgrund ihrer gemeinsamen Interessen entstehen. Es ist daher aufschlußreich, die Selbstzensur der Gefangenen mit einem anderen aus Briefen zusammengesetzten Text zu vergleichen, in dem das Thema Liebe ebenfalls eng mit dem Thema Briefschreiben verbunden ist, in dem die Liebenden aber keine weißen Männer, sondern schwarze Frauen sind. Dieser Text ist Alice Walkers *The Color Purple,* New York 1983, in dem die Geschichte von Celies lesbischer Affaire mit Shug und ihrer Befreiung von ihrer sexuellen und stimmlichen Unterjochung erzählt wird. Shug führt Celie in die »Finger-und-

Zunge-Arbeit« ein: das heißt, sie ermuntert sie dazu, ihre Finger und ihre Zunge zu benutzen, um zu schreiben, zu sprechen und zu lieben: es entsteht ein cunnilinguistisches System, das Wort und Fleisch einschließt.
46 Eagleton (s. Anm. 38) S. 54.
47 Beresford (s. Anm. 3) S. 30, 85, 75, 72, 73.
48 Die Insassen begannen, Besuche von Freunden und Verwandten zu fürchten, weil danach unweigerlich die Absuche mit dem Spiegel erfolgte, die gewöhnlich von brutalen Schlägen begleitet war. Siehe Coogan (s. Anm. 26) S. 9f.
49 Während des ›Schmutz-Protestes‹ fürchteten sich die Männer davor, sich selbst im Spiegel anzuschauen, aber die Photographien, die sie aus dem Gefängnis schmuggelten, verliehen ihren Forderungen Nachdruck. Sie standen traurig und trotzig in ihren schmutzigen Zellen, hatten sich Wolldecken um die nackten Schultern drapiert, und erinnerten mit ihren Bärten und langen Haaren an die Christusabbildungen, die in den Wohnungen der Angehörigen der katholischen Arbeiterklasse zu finden sind. Siehe Bishop / Mallie (s. Anm. 26) S. 280.
50 Beresford (s. Anm. 3) S. 71.
51 Elaine Scarry, *The Body in Pain. The Making and Unmaking of the World*, Oxford 1985, S. 56. (Dt.: *Der Körper im Schmerz. Die Chiffren der Verletzlichkeit und die Erfindung der Kultur*, übers. von Michael Bischoff, Frankfurt a. M. 1992.)
52 Beresford (s. Anm. 3) S. 60.
53 Zitiert bei Padraig O'Malley, *Biting at the Grave. The Irish Hunger Strikes and the Politics of Despair*, Boston 1990, S. 55.
54 Beresford (s. Anm. 3) S. 88.
55 Ebd., S. 60, 88.
56 Dieses System ähnelt dem der unerlaubten Post in Thomas Pynchons 1965 erschienenen Roman *The Crying of Lot 49*. Dort werden Briefe in Abfallkörben deponiert (ähnlich wie die »comms« an Stellen deponiert wurden, die mit Exkrementen in Verbindung stehen), und ihr eigentlicher Zweck ist es, das System des Austausches zu bestätigen. Daher ist es notwendig, daß sie ununterbrochen zirkulieren, auch wenn sie inhaltsleer sind. Eine der Figuren erklärt: »Um es einigermaßen aufrechtzuerhalten, muß jedes Mitglied mindestens einmal in der Woche einen Brief durch das System schicken. Wenn man es nicht tut, wird man bestraft.« Aus diesem Grund senden sich die Mitglieder des Systems so ab-

surd phatische Botschaften wie: »Lieber Mike [...]. Wie geht's Dir? Kam mir gerade in den Sinn, Dir ein paar Zeilen zu schreiben« (zit. nach der Ausgabe London 1979, S. 35). Hier werden keine Informationen übermittelt, der Sinn der Kommunikation ist es, die anderen Mitglieder des Systems *namhaft* zu machen und mit dessen postalischen Tentakeln zu umarmen. Wer im Bereich Bildung und Erziehung arbeitet, kennt zweifelsohne eine ähnliche Form der Korrespondenz, deren Zweck ebenfalls nicht Information, sondern ›Invokation‹ ist. Dabei geht es vor allem darum, Kollegen aus ihrer Ruhe, Freizeit oder gar Forschung herauszureißen. Der Inhalt der Mitteilungen ist meist wertlos.
57 Beresford (s. Anm. 3) S. 134.
58 Ebd., S. 134, 55.
59 Zu diesem »Kampf um das Zeichen« siehe V. N. Voloshinov, *Marxism and the Philosophy of Language,* übers. von Ladislav Matejka und I. R. Titunik, Cambridge (Mass.) 1986, S. 23 f.
60 Maze ist der Name eines benachbarten Dorfes.
61 T. S. Eliot verwendet diese Definition als Motto seiner *Notes towards the Definition of Culture* (London 1948).
62 Gaston Bachelard, *The Poetics of Space,* übers. von Maria Jolas, Boston 1969 S. 22. (Dt.: *Poetik des Raumes,* übers. von Kurt Leonhard, München 1960.)

Kryptisierung

1 Emily Brontë, *Wuthering Heights,* London 1974, Kap. 9, S. 79; siehe auch Kap. 7. In diesem Kontext ist die ursprüngliche Bedeutung von ›(ver)hungern‹ (›starving‹) eher ›frieren/erstarren‹ (›freezing‹); eine Bedeutung, auf die ich noch zu sprechen komme.
2 Padraig O'Malley, *Biting at the Grave. The Irish Hunger Strikes and the Politics of Despair,* Boston 1990. S. 53.
3 Zit. nach Terry Eagleton, *The Rape of Clarissa,* Minneapolis 1982, S. 47. Clarissa bezeichnet ihren eigenen Körper als »Nichts« (1421).
4 Franz Kafka, *Briefe an Felice und andere Korrespondenz aus der Verlobungszeit,* hrsg. von Erich Heller und Jürgen Born, Frankfurt a. M. 1983, S. 250.
5 Franz Kafka, »Beim Bau der Chinesischen Mauer«, in: *Beschrei-*

bung eines Kampfes. Novellen, Skizzen, Aphorismen aus dem Nachlaß, hrsg. von Max Brod, Frankfurt a. M. 1983, S. 51.
6 Jacques Derrida, »Fors«, Vorwort zu Nicolas Abraham / Maria Torok, *The Wolf Man's Magic Word. A Cryptonomy,* übers. von Nicholas Rand, Minneapolis 1986, S. xvii. (Dt.: *Kryptonymie. Das Verbarium des Wolfsmanns,* vorangestellt »FORS« von Jacques Derrida, übers. von Werner Hamacher, Frankfurt a. M. / Berlin / Wien 1979.)
7 David Beresford, *Ten Men Dead. The Story of the 1981 Irish Hunger Strike,* London 1987, S. 126f. Es ist kennzeichnend für das Ineinandergreifen von Nahrung und Wörtern, daß McFarlane durch ein Wortspiel Kiplings Gedichte und »Kipling's Cakes« miteinander verbindet – und so einen eßbaren Text oder ein lesbares Essen herstellt. Sein eigener Vorname, Bik, leitet sich von einem verkürzten »McFarlane's biscuits« ab.
8 Lovelace exemplifiziert hier geradezu die Theorie Melanie Kleins, daß das Kleinkind davon träumt, den Leib der Mutter auszuweiden, um an die in ihm verborgenen Schätze heranzukommen. Erinnert wird man auch an das rituelle Zerstückeln von Heiligen, wie zum Beispiel der hl. Theresa, der man die Glieder vom Körper riß, um sich Reliquien ihres auf wundersame Weise unverdorbenen Fleisches zu verschaffen. Siehe *The Life of Saint Teresa of Avila by Herself,* übers. und mit einer Einl. von J. M. Cohen, Harmondsworth 1958, S. 16.
9 Vgl. Ruth Perry, *Women, Letters, and the Novel,* New York 1980, S. 107. Die Verfasserin sieht in der Darstellung einer Figur, die mit Papier und Feder in einem Zimmer eingeschlossen ist, ein kennzeichnendes Bild der »Mittelklasse« (S. 33).
10 Ebd., S. 33, 107.
11 Michel Foucault, *The History of Sexuality,* Bd. 1, *An Introduction,* übers. von Robert Hurley, New York 1980, S. 92–102. (Dt.: *Sexualität und Wahrheit,* Bd. 1: *Der Wille zum Wissen,* übers. von Ulrich Raulff und Walter Seitter, Frankfurt a. M. 1977.)
12 Elaine Scarry, *The Body in Pain. The Making and Unmaking of the World,* New York 1985, S. 40. (Dt.: *Der Körper im Schmerz. Die Chiffren der Verletzlichkeit und die Erfindung der Kultur,* übers. von Michael Bischoff, Frankfurt a. M. 1992.)
13 Aus John Donnes Gedicht »The Good Morrow«.
14 Gaston Bachelard, *The Poetics of Space,* übers. von Maria Jolas, Boston 1969. Auf S. 230 heißt es: »Ist das Äußere nicht eine alte

Intimität [...]?« (Dt.: *Poetik des Raumes,* übers. von Kurt Leonhard, München 1960.)
15 Scarry (s. Anm. 12) S. 40.
16 Walter Benjamin, *Charles Baudelaire. A Lyric Poet in the Era of High Capitalism,* übers. von Harry Zohn, London 1983, S. 169.
17 Zit. nach: Liz Curtis, *Ireland. The Propaganda War,* London 1984, S. 31 f.
18 Bachelard (s. Anm. 14) S. 22.
19 Curtis (s. Anm. 17) S. 32.
20 Scarry (s. Anm. 12) S. 28 f.
21 Beresford (s. Anm. 7) S. 52. Siehe auch *Strip Searching,* ein Dossier über an weiblichen Gefangenen in Armagh zwischen 1982 und 1985 vorgenommenen Leibesvisitationen (London 1986), das vom *National Council for Civil Liberties* herausgegeben wurde.
22 Naomi Wolf, *The Beauty Myth,* London 1990, S. 113.
23 John Milton, *Paradise Lost,* 2. Buch, Vers 600.
24 Jacques Lacan, *The Four Fundamental Concepts of Psychoanalysis,* hrsg. von Jacques-Alain Miller, übers. von Alan Sheridan, London 1977, S. 93. (Dt.: *Die vier Grundbegriffe der Psychoanalyse,* übers. von Norbert Haas, Olten / Freiburg i. Br. 1978.) Siehe auch Michel Foucault, »The Eye of Power«, in: *Power / Knowledge,* hrsg. von Colin Gordon, Brighton 1980, S. 146–165.
25 Gwendolyn Brooks spricht in ihrem Gedicht über Abtreibung, »The Mother«, vom »verschluckenden Mutter-Auge«.
26 Beresford (s. Anm. 7) S. 275.
27 Ebd., S. 130.
28 Margaret Atwood, *The Edible Woman,* London 1980, S. 167, 196. (Dt.: *Die eßbare Frau,* übers. von Werner Waldhoff, Düsseldorf 1985.)
29 Wole Soyinka, *The Man Died. Prison Notes,* London 1985, S. 216 (erstmals erschienen 1972). (Dt.: *Der Mann ist tot. Aufzeichnungen aus dem Gefängnis,* übers. von Inge Uffelmann und Melanie Walz, Zürich 1987.)
30 Ebd., S. 223–228.
31 Sylvia Pankhurst, *The Suffragette Movement. An Intimate Account of Persons and Ideals,* Einl. von Richard Pankhurst, London 1977, S. 445.
32 Soyinka (s. Anm. 29) S. 215.
33 J. M. Coetzee, *Life and Times of Michael K,* Harmondsworth

1985, S. 223. – Seitenzahlen im Text beziehen sich auf diese Ausgabe.
34 Michel Serres, *The Parasite*, übers. von Lawrence R. Scher, Baltimore 1982, S. 87. (Dt.: *Der Parasit*, übers. von Michael Bischoff, Frankfurt a. M. 1981.)
35 Victor Serge, *The Case of Comrade Tulayev*, übers. von Willard R. Trask, Garden City (N.Y.) 1951, S. 196. (Dt.: *Die große Ernüchterung. Der Fall Tulajew*, übers. von N. O. Scarpi, Hamburg 1950.)
36 Soyinka (s. Anm. 29) S. 228 f.
37 Williams Butler Yeats, »His Confidence«, in: *Collected Poems*, New York 1956, S. 257.
38 Lewis Hyde, *The Gift. Imagination and the Erotic Life of Property*, New York 1983, S. 23.
39 Primo Levi: *If This Is a Man* (1958), in: *If this Is a Man* und *The Truce*, übers. von Stuart Wolf, London 1987, S. 66 f. (Dt.: *Ist das ein Mensch?*, übers. von Heinz Riedt, Frankfurt a. M. 1961.)
40 Jorge Luis Borges, *A Universal History of Infamy*, übers. von Norman Thomas di Giovanni, Harmondsworth 1973, S. 83.

Register

Abraham, Karl 76, 161
Abraham, Nicolas 75
Adams, Gerry 163
Adorno, Theodor W. Adorno/
  Max Horkheimer,
  Dialektik der Aufklärung
  17, 117
Altes Testament 43
  Schöpfungsgeschichte 56
Aquin, Thomas von 120
Attenborough, Richard 13
Atwood, Margaret 80, 179

Bachelard, Gaston 31, 152,
  171
Barille, Jackie
  *Confessions of a Closet
  Eater* 44
Barnes, Djuna 64–66
Baudrillard, Jean 24, 40f.
Bell, Rudolph 30
Benjamin, Walter 170, 185
Beresford, David 39, 148
  Ten Men Dead 143
Berger, John
  Ways of Seeing 124f.
Blake, William 83
Borges, Jorge Luis 190
Brillat-Savarin, Jean
  Anthelme
  Physiologie du goût 20
Brontë, Emily
  Wuthering Heights 47,
  155f., 160
Bruch, Hilde 31, 46
Brumberg, Joan 45
  Fasting Girls 46

Bürger, Peter 122
Bynum, Caroline 30
  Holy Feast and Holy Fast
  46
Byron, George Gordon, Lord
  20, 49

Camus, Albert
  L'étranger 183
Castle, Terry 127
Cheyne, George 49
Coetzee, J. M. 29, 36, 162
  Life and Times of Michael K
  28f., 36f., 183–186
Coleridge, Samuel Taylor
  Kubla Khan 87
Conrad, Joseph
  The Secret Agent 40f.
Curtis, Liz 126

Deleuze, Gilles 84, 118, 159
Derrida, Jacques 144, 161
Diana, Prinzessin 141
Dickens, Charles 9
  Great Expectations 48
Dickinson, Emily 8, 48, 105,
  182
Donne, John 169

Eisenzweig, Uri 37f.
Eliot, T. S.
  The Waste Land 161

Feuerbach, Ludwig 56, 61
Fletcher, Horace 19
Fonda, Jane 21–23, 141

Foucault, Michel 12f., 42, 44, 160, 168
Freud, Sigmund 12, 22, 25, 57, 67–69, 70, 72f., 75–78, 80, 98, 101, 164
  Die Verneinung 72
  Über die weibliche Sexualität 77f.
  Drei Abhandlungen zur Sexualtheorie 67

Gandhi, Mahatma 13f., 16
Gibbons, Luke 26
Gide, André 51
Gilbert, Sandra 47
Girard, René 111
Gissing, George
  New Grub Street 50
Gordon, Mary
  Final Payments 89–95
Graham, Sylvester 19
Guattari, Félix 84, 118, 159
Gubar, Susan 47
Gull, William 141

Hamsun, Knut
  Hunger 51f.
Heaney, Seamus 30
  Station Island 38
Hegel, Georg Wilhelm Friedrich 57, 60f., 63, 73
  Phänomenologie des Geistes 58–60
Heilige (weibliche) 17, 19, 28
Herlihy, David 138
Horkheimer, Max
  Theodor W. Adorno/ Horkheimer,
  Dialektik der Aufklärung 17, 117

Hughes, Brandan 149
Hughes, Francis 38
Hungerstreik (1981 in Long Kesh) 33–35, 38, 40, 43, 106f., 122–126, 140, 143 bis 153, 155, 157f., 168f., 172 bis 174, 177–182
Huxley, Aldous
  The Farcial History of Richard Greenow 52, 99
Hyde, Lewis 83, 187

James, Henry 19
Journal of Eating Disorders 46
Joyce, James
  Finnegans Wake 51
  Ulysses 12, 98, 99

Kafka, Franz 106, 121f., 158, 160, 191
  Forschungen eines Hundes 118–121, 159
  Der Bau 121, 159
  Die Verwandlung 118, 121, 159
  Das Schloß 183
  Der Prozeß 183
  Ein Hungerkünstler 34, 105, 113–118, 122, 155, 159, 183
  In der Strafkolonie 13
Katharina (Heilige) 43, 84, 140
Keats, John 52, 57, 198
Kierkegaard, Sören 55f.
  Abschließendes Unwissenschaftliches Postscriptum 55
Kipling, Rudyard 163
Kitchener, William
  The Art of Invigorating and Prolonging Life 19

Klein, Melanie 70, 73–76, 78, 161
Kristeva, Julia 73

Lacan, Jacques 52, 69, 71, 73, 96, 133
Laplanche, Jean 68, 71
Levi, Primo 162, 188f.
Lytton, Constance, Lady 65f.

MacLeod, Sheila
The Art of Starvation 42
MacSwiney, Terence 106f.
Marcuse, Ludwig
Triebstruktur und Gesellschaft 12
Marx, Karl 56, 60f.
Kritik der Hegelschen Dialektik und Philosophie überhaupt 60
McFarlane, Bik 146, 150, 163
Michie, Helena 48
Milton, John 174
Morton, Richard 35, 141

Nightingale, Florence
Cassandra 7

O'Fiaich, Kardinal 176
Offenbarung des Johannes 43f.
O'Neill, Cherry Boone 91f.
Orbach, Susie 97
Fat Is a Feminist Issue 44
Hunger Strike 47

Patrick (Heiliger) 27
Pankhurst, Sylvia 171f., 181f.
The Suffragette Movement 61–64

Perry, Ruth 166
Plath, Sylvia 48
Poe, Edgar Allen 75f., 133

Richardson, Samuel 33, 48, 122, 167
Clarissa 33f., 49, 106, 122–145, 147, 151, 155, 157, 162–175, 181, 191
Rimbaud, Arthur
Fêtes de la faim 28
Robinson, F. N. 27
Rousseau, Jean-Jacques 102
Rushdie, Salman 83f.

Sands, Bobby 35, 124, 146, 148–151, 156, 173
Scarry, Elaine 147, 172
The Body in Pain 168f.
Schneiderman, Stuart 87
Schwartz, Hillel
Never Satisfied 18f.
Sedgwick, Eve 10
Sen, Amartya 15
Senchus Mor (irischer Civil-Codex) 26–28
Serge, Victor
The Case of Comrade Tulayev 36, 161, 184f.
Serres, Michel
The Parasite 50f., 96, 102, 184
Shahly, Victoria 87f.
Shakespeare, William
Hamlet 35, 132
Julius Caesar 176
König Lear 29, 186
Maß für Maß 152
Romeo und Julia 134
Sharpe, Ella 85–87

Shelley, Percy Bysshe 107
Shivers, Patrick 170–172
Skeffington, Hannah Sheehy 26
Soyinka, Wole 30, 162, 179–182, 186
Spenser, Edmund 24
Spivak, Gayatri 14
Stehling, Wendy
Thin Thighs in Thirty Days 44
Stoker, Bram
Dracula 25, 99f.

Terrorismus 37–42
Thackeray, William Makepeace 18
Thatcher, Margaret 33, 152, 176–178
Theresa (Heilige) 141
Thoma, Helmut 76, 79f.
Tolstoi, Leo N. 16
Torok, Maria 75
Twitchell, James B. 50

Vietnamkrieg 21–23, 173
Voloshinov, V. N. 15f.

Ward, Mrs. Humphrey 19
Weil, Simone 22f., 56, 151, 156, 182
Wharton, Edith 19
Wolf, Naomi
The Beauty Myth 173
Woodhouse, Richard 57
Woolf, Virginia 87
Between the Acts 85

Yeats, William Butler 25, 52, 121f., 144, 186
Ego Dominus Tuus 52, 110
Per Amica Silentia Lunae 111
Sailing to Byzantium 109
The King's Threshold 25, 105–113, 157

Inhalt

Autophagie
7

Gynophagie
55

Sarkophagie
105

Kryptisierung
155

Anmerkungen
192

Register
212